나, 주식회사 경영전략

# 나를 혁명하는
# 13가지 황금률

...

지나간 시간은 투자가치를 상실한 재산입니다

...

오직 현재만이 당신이 충실해야 할 전부입니다

...

결코 오지 않을 내일에 인생을 맡기지 마십시오

...

내일은 게으른 사람의 달력에만 존재합니다

...

오루지 오늘 하루를 어떻게 만들어 나갈 것인지에
주목하십시오

...

공병호 지음

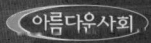

## 나를 혁명하는 13가지 황금률

1판 1쇄 찍음 / 2004년 5월 8일
1판 3쇄 펴냄 / 2010년 3월 26일

지은이 / 공병호
펴낸이 / 배동선
마케팅부/ 최진균, 서설
총무부/ 양상은
펴낸곳 / 아름다운사회

출판등록일자 / 2008년 1월 15일
등록번호 / 제2008-1738호

주소 /서울시 강동구 성내동 446-23 덕양빌딩 202호 ⓟ134-033
대표전화 / (02)479-0023   팩스 / (02)479-0537
E-mail / assabooks@naver.com

ISBN 89-5793-040-x 03320

값 6,000원

* 잘못된 책은 교환해 드립니다.

한마디

## 1인 기업가를 위한 성공노트

지나간 시간은 투자가치를 상실한 재산입니다. 오직 현재만이 당신이 충실해야할 전부입니다. 결코 오지 않을 내일에 인생을 맡기시 마십시오. 내일이란 게으른 사람의 달력에만 존재합니다.

오로지 오늘 하루를 어떻게 만들어나갈 것인지에 주목하십시오.

당신의 내면세계에는 당신 자신이 믿고 생각하는 것보다 훨씬 더 커다란 힘이 있습니다. 그 사실을 확신하십시오. 제가 당신께 당부 드리고 싶은 점은 없는 것을 만들어내라는 것은 아닙니다. 오히려 이미 당신의 내면세계에 깊이 잠들어 있는 정신적 에너지를 충분히 활용하기 위해 노력하라는 점입니다.

당신의 마음을 성공, 성취, 성장, 자기계발이라는 욕구가 차고 넘치도록 절실함과 절박감으로 가득 채우십시오. 그 자세로 현재에 충실하며 앞으로 나아가십시오.

성공적인 1인 사업가로 새로운 삶을 살아가는 당신에게 한 마디만 하고 싶습니다.

"당신의 가슴을 뜨겁게 데우십시오!"

공병호 드림

# contents

## 나를 혁명하는 *13*가지 황금률

| | | |
|---|---|---|
| | 머리말 | 3 |
| 1장 | 절박함과 절실함으로 스스로를 무장하라 | 7 |
| 2장 | 업(業)의 원리와 가치를 정확히 찾아내라 | 15 |
| 3장 | 100년 인생을 대비하라 | 35 |
| 4장 | 삶의 철학을 다시 한 번 뚜렷이 점검하라 | 51 |
| 5장 | 일일목표 관리를 생활화하라 | 65 |
| 6장 | 매일매일 일지를 남겨라 | 79 |
| 7장 | 완벽은 없다. 행동하면서 배워나가라 | 89 |
| 8장 | 현재에 만족하지 말고 혁명을 꿈꾸라 | 101 |
| 9장 | 자본주의에서 자본의 의미 | 107 |
| 10장 | 머리를 써서 상품을 연구하라 | 113 |
| 11장 | 매일 '나'라는 1인 기업을 혁신하라 | 119 |
| 12장 | 신화를 창조하라 | 129 |
| 13장 | 책과 운동이라는 링거액을 투입하라 | 137 |

당신의 마음을 성공, 성취,

성장, 자기계발이라는 욕구가

차고 넘치도록 절실함과

절박감으로 가득 채우십시오

그 자세로 현재에 충실하며

앞으로 나아가십시오

# 1 절박함과 절실함으로 스스로를 무장하라

삶에 변명하지 않는 사람들은 말만 앞세우기보다 말없이 행동으로 보입니다. 그리고 한 분야에 오래 집중하여 실수를 줄이고 자기분야를 개선시킵니다.

당신은 현재 당신의 일에 대해 절실함이 느껴집니까?

만약 당신이 삶에 대해 절박함과 절심함이 부족하다면 다음의 이야기가 실감나게 들릴 것입니다.

스테판 레코크는 이렇게 말했습니다.

"아이는 '내가 청소년이 되면…….' 이라고 말한다. 하지만 청소년이 되면 '내가 어른이 되면……' 이라고 말한다. 그리고 어른이 되면 '내가 결혼을 하면……' 이라고 말한다. 하지만 결혼을 해도 달라지는 것은 없다. 단지 그 생각이 '내가 은퇴를 하면……' 으로 바뀔 뿐이다. 그리하여 정말로 은퇴하게 되면 그제야 지나온 세월을 돌아보게 된다. 그리고 가슴 한 구석이 서늘해져 옴을 느낀다. 그렇게 평생 동안 계획을 놓치며 살다가 결국 죽고 마는 것이다."

당신은 아직도 처음에 가졌던 열정과 결심, 결의를 지니고 있습니까?

과거의 모습이 어떠했든 배경, 학벌, 지위, 집안, 경력 등과 관계없이 처음에 가졌던 열정은 당신이 정상을 향해 나아갈 수 있는 가장 강력한 힘이자 에너지입니다. 따라서 당신이 그러한 자세를 지속적으로 유지하면서 절박함과 절실함을 통해 내면의 에너지를 발굴해내겠다는 각오와 의지만 있다면 능히 당신이 이루고자 하는 것을 실현할 수 있을 것입니다.

하지만 이 세상에 태어나 한 번도 그런 결심이나 열정을 갖지 않는 사람은 없습니다. 다만 그것이 지속되지 않을 뿐입니다. 어제 맸던 끈은 오늘 느슨해지기 쉽고 내일은 풀어질지도 모릅니다. 그러므로 나날이 끈을 새롭게 여며야만 합니다. 마찬가지로 사람도 결심한 일이나 열정을 불태우던 순간을 나날이 새롭게 다져야만 변하지 않게 됩니다.

내가 삶을 살아가면서 만났던 여러 말들 가운데 가슴 속에 간직하고 있는 것 중의 하나는 교보생명의 창업자인 대산 신용호 선생이 남긴 것입니다.

"생손가락으로 생나무를 뚫는 기백으로 삶을 살아가라!"

어렵다고 생각합니까? 물론 어렵습니다. 그래도 사람은 능히 생손가락으로 생나무를 뚫을 수 있습니다. 그것이 꼭 필요한 일이라면 그리고 정말로 원하는 일이라면 충분히 가능한 일입니다.

좀더 절박하고 절실하게 삶을 바라보십시오.

늘 절박한 마음으로 삶을 살아가기 위해서는 다음의 세 가지를 기억해야 합니다.

첫째, 항상 생각하며 살아갑니다.

'나는 앞으로 어떻게 될까?', '우리 가정은 어떻게 될까?', '어떻게 하면 아이들의 교육을 보다 잘 시킬 수 있을까?', '향후 나의 비즈니스는 어떻게 될까?' 등을 늘 생각하십시오.

둘째, 세상에서 일어나는 여러 가지 일들, 즉 실직, 실업, 불황 등을 보면서 그러한 일들이 나와 관련이 없는 것이 아니라 늘 나의 일이라는 관점에서 바라보십시오.

'나라면 저러한 상황에서 어떤 판단을 내릴까?', '저 사건은 나에게 어떤 영향을 줄까?'라고 항상 자기 문제로 접근하면서 정보를 캐내야 합니다.

셋째, 좀더 부지런하게 세상에서 일어나는 많은 종류의 정보를 학습하십시오. 당신 자신이 하나의 '오픈 시스템', 즉 개방시스템이 되어 신문이든 책이든 잡지든 항상 머릿속에 정보를 투입시키고 또한 그것이 산출되어 일정한 결과를 얻어낼 수 있도록 해야 합니다. 즉, 정보는 어디까지나 원활히 이용되어야 하는 것입니다.

이 세 가지를 지킨다면 좀더 절박하고 긴장감을 유지하면서 삶을 살아갈 수 있을 것입니다.

사람들은 흔히 자기 자신의 발전가능성에 대해 회의적일 때, 사회적으로 인정받지 못할 때 그리고 경제적인 안정 기반이 흔들릴 때 슬럼프에 빠져듭니다.

이럴 경우에는 더욱더 절박감과 절실함에 대해 생각해 보십시오. 차라리 오기를 발동시켜 적극적으로 일에 뛰어 들고 그 일에 빠져들어야 합니다.

베토벤은 청각장애를 앓고 있으면서도 열정적으로 작곡을 하였습니다. 그는 하나의 곡을 만들기 위해 최소한 열두 번 이상 다시 썼다고 합니다. 하이든은 숱한 역경을 겪으면서도 800개 이상의 곡을 작곡하였습니다. 특히 불후의 명곡 '천지창조'는 66세에 발표한 것으로 나이를 초월한 그의 창작 열의를 보여주고 있습니다. 레오나르도 다빈치는 그의 걸작 '최후의 만찬'을 무려 10년에 걸쳐 그렸는데, 그림에 너무 열중한 나머지 하루 종일 먹는 것조차 잊을 때가 종종 있었다고 합니다.

세상에 노력 없이 얻을 수 있는 것은 없습니다.

어디까지나 땀흘려 노력한 만큼 결실을 얻을 수 있을 뿐입니다.

당신을 변화시키십시오.

당신을 변화시킬 수 있는 것은 바로 절실함과 절박함입니다. 세상을 향한 불만을 에너지로 활용하고자 노력하는 것만큼 중요한 것도 없습니다. 자기 자신에게 주어진 현실에 대한 강한 불만을 건설적이고 창의적으로 활용하십시오.

좀 더 당신 자신을 절실함과 절박함으로 무장하기 위해 다음을 실천하십시오.

첫째, 성공스토리나 자기계발과 관련된 글을 읽습니다.

둘째, 조용히 명상하는 시간을 갖습니다.

셋째, 변화의 바람에 적극적으로 대응합니다.

사람은 뿌린 대로 거두지만 혹시 운이 좋지 않아 그만큼 거둘 수 없을지라도 언젠가는 다시 기회가 찾아옵니다. 성공하지 못한 것은 실패가 아닙니다. 다만, 성공하지 못했을 때 좌절하고 다시 일어서지 못하는 것이 실패입니다.

인생의 어떤 국면이든 고민과 갈등이 있고 자신에게는 그것이 가장 큰 것으로 보이지만 그 해결방법은 반드시 존재합니다. 누군가가 말했듯 인간은 해결하지 못할 문제는 제기하지 않는다고 합니다. 만약 당신이 실패했다는 생각이 들거든 그것은 '삶을 배우는 또 다른 형태'임을 자각하십시오. 만약 당신이 위기의식으로 잠들지 못하고 뒤척이고 있다면 당신은 또 다른 '인생의 심화단계'에 접어들었음을 알아야 합니다.

당신이 부러워하는 성공자 조차 전혀 고민 없이 살아가는 것이 아닙니다. 하지만 성공자는 인생에서 선택받으려 하는 것이 아니라 적극적으로 선택하면서 인생을 개척해 나갑니다. 다시 말해 인생의 주인공으로 살아가는 것입니다.

실패하는 사람은 언제까지나 기다리지만 아무 것도 얻지 못합니다. 그러나 성공자는 행동으로 옮겨 원하던 것을 쟁취합니다. 움직이십시오. 삶에 흔들리지 않는 중심을 잡고 성공이라는 목표를 향해 천천히 걸어 나갈 수 있는 설계도를 마련하고 그것을 따라 가십시오.

성공은 선택입니다.

좀 더 절실함과 절박함으로 당신 스스로를 무장하고 성공을 선택하십시오. 당신에게 절실함과 절박함만 있다면 성공의 길을 가는데 있어서 장애란 존재하지 않습니다.

# 2 업(業)의 원리와 가치를 정확히 찾아내라

1812년 어느 날, 아버지의 가죽공예점에서 놀던 세 살짜리 아이가 갑자기 비명을 질렀습니다. 깜짝 놀라 달려온 아버지는 눈에서 피를 흘리는 아이를 업고 병원으로 냅다 달려갔지만, 의사로부터 이런 말을 듣게 되었습니다.

"아이는 이제 앞을 볼 수 없습니다. 다시는 물체를 볼 수 없을 것입니다."

그 말을 듣고 아버지는 하늘이 무너지는 듯했지만 그 아이는 훗날 자신의 약점을 삶의 기반으로 삼아 점자법을 개발하였고 수많은 시각장애인들에게 희망과 용기를 주었습니다. 그가 바로 프랑스의 맹인교육자인 루이 브레이유입니다.

 누구에게나 약점은 있습니다. 하지만 그럴수록 더욱더 높이 머리를 치켜들고 일을 추진해야만 합니다. 심리학자에 의하면 외형적으로 장애가 없는 사람도 95%가 열등감을 갖고 있다고 합니다. 어쩌면 약점에 대해 고민하느라 그것을 정말로 약점으로 만들고 있는 것인지도 모릅니다. 생각을 바꾸십시오.

 방적공, 기관조수, 전보배달원, 전기기사 등으로 어려운 시절을 보낸 후 미국 최대의 철강회사를 세워 철강왕이 된 앤드류 카네기는 훗날 이렇게 말했습니다.
"나는 근대 인물 39명의 전기를 쓰면서 그들의 공통점을 조사해 본 적이 있다. 그 중에서 가장 눈길을 끄는 것은 39명 중에서 31명이 가난하고 불우한 환경에서 자랐다는 점이다. 후에 나는 다시 현대인물 43명의 전기를 썼는데, 그들 중에서 32명이 가난과 역경을 딛고 성공했다는 사실을 알았다."

'할 수 있지만 하지 못하는 것'에 대해 화를 내십시오. 그 어떤 두려움보다 그리고 부족감이나 열등감보다 자신이 해보고 싶은 일을 하지 못함을 안타깝게 여겨야 합니다.

인생을 살아가면서 우리가 실제로 얻게 되는 것 중에서 가장 큰 수확은 바로 자각입니다. 인생이란 그러한 자각을 통해 발전합니다. 자각을 하는 순간 우리의 삶이 업그레이드되는 것입니다. 문제는 그러한 자각을 실천으로 옮겨야 한다는 사실입니다. 그것이 인생의 지혜입니다.

혹시 인생의 수업료를 지불해야 한다면 가능한 한 최소로 지불하십시오. 다시 말해 인생의 가장 소중한 자산인 시간을 짧게 지불하라는 것입니다.

우리에게 있어서 시간은 정말로 소중한 존재입니다. 그렇다고 시간과 비용을 지불하지 않고 얻을 수 있는 것도 없습니다. 그러므로 훈련과 경험자의 경험을 통해 배우고 익혀 자신이 지불할 비용과 시간을 최대한 줄여야 합니다.

우리는 매일 86,400초의 시간을 부여받습니다. 그 시간을 당신 자신을 위해 최대로 활용하십시오. 그것은 남에게 줄 수도 없고 남겨두었다가 내일 다시 쓸 수도 없습니다. 그러므로 순간순간 당신을 지나쳐 버리는 시간이 최대의 효용을 발휘하도록 해야 합니다.

1년의 가치를 알고 싶다면, 학점을 받지 못한 학생에게 물어보십시오.

한 달의 가치를 알고 싶다면, 미숙아를 낳은 어머니에게 물어보십시오.

일주일의 가치를 알고 싶다면, 주간신문 편집자에게 물어보십시오.

1시간의 가치를 알고 싶다면, 사랑하는 사람을 기다리는 사람에게 물어보십시오.

1분의 가치를 알고 싶다면, 지금 막 열차를 놓친 사람에게 물어보십시오.

1초의 가치를 알고 싶다면, 아찔한 사고를 순간적으로 피한 사람에게 물어보십시오.

천 분의 1초의 가치를 알고 싶다면, 아깝게 은메달에 머문 육상선수에게 물어보십시오.

지금 이 순간이야말로 당신에게 주어진 유일한 선물입니다. '현재'(present)와 '선물'(present)이라는 단어가 같다는 사실을 알고 있습니까?

인생에 비싼 수업료를 지불하든 아니면 값싼 수업료를 지불하든 그 결정은 당신이 하는 것입니다. 가능하면 보다 값싼 수업료를 지불하고 최대의 효용을 올릴 수 있도록 '자기 자신에 대한 지식'을 쌓기 바랍니다. 그것은 평생의 프로젝트로 자기 자신에 대한 탐구는 죽을 때까지 해야 하는 과업입니다.

다음의 질문을 통해 당신이 스스로에 대해 얼마나 알고 있는지 테스트를 해보십시오. 각각의 질문마다 세 가지의 항목이 주어지는데 ①은 5점, ②는 2.5점 ③은 0점을 의미합니다.

1. 당신이 진정으로 원하는 것에 대해 몇 마디 문장으로 표현할 수 있습니까?
   ① 잘 할 수 있다.   ② 할 수 있는 편이다.   ③ 할 수 없다.

2. 당신이 타인에게 어떤 사람으로 기억되기를 원하는지에 대해 그 답을 알고 있습니까?
   ① 잘 알고 있다.   ② 알고 있는 편이다.   ③ 모른다.

3. 당신이 누구인지 깊은 인상이 남도록 타인에게 소개할 수 있습니까?
   ① 잘 할 수 있다.   ② 할 수 있는 편이다.   ③ 할 수 없다.

4. 당신이 최고의 가치로 여기는 것이 무엇인지 알고 있습니까?
   ① 잘 알고 있다.   ② 알고 있는 편이다.   ③ 모른다.

5. 당신이 가장 자신 있게 할 수 있는 것이 무엇인지 알고 있습니까?
   ① 잘 알고 있다.   ② 알고 있는 편이다.   ③ 모른다.

6. 당신의 강점과 약점이 무엇인지 구체적으로 알고 있습니까?

① 잘 알고 있다.　② 알고 있는 편이다.　③ 모른다.

7. 우리는 뭔가를 팔아야만 먹고살 수 있습니다. 당신은 당신이 무엇을 팔아야 하는지 알고 있습니까?
　① 잘 알고 있다.　② 알고 있는 편이다.　③ 모른다.

8. 당신이 경쟁력을 갖추기 위해 앞으로 준비해야 할 것이 무엇인지 알고 있습니까?
　① 잘 알고 있다.　② 알고 있는 편이다.　③ 모른다.

9. 사람은 누구나 세일즈맨인 동시에 고객입니다. 당신은 당신의 고객이 누구인지 알고 있습니까?
　① 잘 알고 있다.　② 알고 있는 편이다.　③ 모른다.

10. 고객감동을 실현하려면 당신이 어떻게 해야 하는지 알고 있습니까?
　① 잘 알고 있다.　② 알고 있는 편이다.　③ 모른다.

11. 당신이 상대해야 할 고객층이 어떻게 형성되어 있는지 알고 있습니까?
　① 잘 알고 있다.　② 알고 있는 편이다.　③ 모른다.

12. 현재 그리고 미래의 경쟁자가 누구인지 알고 있습니까?
    ① 잘 알고 있다.　② 알고 있는 편이다.　③ 모른다.

13. 당신 자신을 마케팅 하는 방법을 알고 있습니까?
    ① 잘 알고 있다.　② 알고 있는 편이다.　③ 모른다.

14. 당신에게 부족한 점을 어떻게 개선해야 하는지 그 방법을 알고 있습니까?
    ① 잘 알고 있다.　② 알고 있는 편이다.　③ 모른다.

지금까지 체크를 했다면 다음에 주어지는 점수표에 따라 자기 자신의 위치를 파악해보십시오.

| | |
|---|---|
| 65~70 | 매우 우수합니다. 그러나 점수가 낮은 부분이 있다면 보강하십시오. |
| 35~64 | 우수한 편이지만 아직 노력이 필요합니다. 좀더 분발하십시오. |
| 0~32 | 노력해야 하는 수준입니다. 자기 자신을 아는 일에 적극 투자하십시오. |

자기 자신을 안다는 것은 매우 중요한 일입니다.

그리고 성공을 이루는 것은 끈질긴 노력이지만 성공하겠다는 의지를 다져주는 것은 바로 스스로의 자각입니다. 그러므로 지금보다 더 나은 사람이 되겠다는 욕망을 불태우며 그러한 존재가 되기 위해 뭔가 구체적인 계획을 세워야 합니다.

어쩌면 당신은 그 계획의 25%만 달성할지도 모릅니다. 하지만 계획이 없다면 그 25%마저 달성할 수 없습니다. 야구선수는 평균적으로 30%만 쳐내도 아주 훌륭한 선수로 평가받습니다. 다시 말해 10번의 타석에서 3번만 쳐내도 훌륭한 것입니다.

당신의 계획에도 그 정도의 여유는 두십시오. 세상에 완전한 인간은 존재하지 않습니다.

한때, 위대한 수상으로 알려진 처칠에게 정치생명을 위협할 만한 커다란 사건이 일어났습니다.

제1차 세계대전 중, 해군장관으로 재임하고 있던 처칠은 흑

해와 에게해가 이어지는 좁은 해협을 탈환하는 작전에서 완벽히 패배하고 말았던 것입니다. 그 결과, 그는 패배의 책임을 지고 1915년 5월에 해군장관직을 사임하고 말았습니다.

그 당시 처칠은 이렇게 말했습니다.

"수많은 이해당사자들을 설득하다보니 타이밍을 놓치고 말았다."

완전한 책임과 권한을 지니지 못한 상태에서 커다란 실수를 하게 된 처칠은 2인자의 자리보다는 1인자의 자리에서 모든 권한을 위임받고 진두지휘하는 것이 자신에게 더 적합하다는 것을 깨닫고 부단히 노력하여 결국 수상의 자리에 오르게 됩니다. 이후에 그가 얼마나 눈부신 업적을 쌓았는지는 많은 사람들이 알고 있는 사실 그대로입니다.

훗날, 처칠은 이런 말을 남겼습니다.

"상상력이 풍부하고 결단력 있는 사람이 종속적인 위치에 묶여 행동을 제한받을 때, 어떤 잘못된 판단을 내릴 수 있는지 알 수 있었다."

사람은 누구나 자신의 역량과 능력에 맞는 일을 찾아 행할 때 가장 큰 힘을 발휘할 수 있습니다. 당신의 힘을 최대로 발휘하기 위해 당신 자신을 연구하십시오.

당신은 어떤 일, 어느 위치에서 가장 큰 힘을 발휘합니까?

당신은 책임에 따른 중압감을 견디며 일할 수 있습니까? 아니면 오히려 피하고 싶어 합니까?

당신은 불확실한 상황과 도전을 즐기는 편입니까?

당신은 새로운 사람들을 사귀는 일이 즐겁습니까?

자기 자신을 알고 주어진 상황을 빠르게 인식하는 사람은 성공할 수 있습니다. 이러한 사람들은 설사 실패를 할지라도 빠르게 일어섭니다.

인생에 실패가 전혀 없을 수는 없습니다. 어떠한 성공자도 실패 없이 성공에 이른 사람은 없습니다. 오히려 문제해결의 연속 그리고 실패 극복의 사례가 인류의 역사를 만들어온 것인지도 모릅니다.

영국의 소설가 존 크리스는 753번의 거절을 당한 끝에 564권의 책을 출판하였습니다.

베이브 루스는 스트라이크 아웃을 1,330번이나 당했지만 홈런 또한 714개를 날렸습니다.

농구 황제 마이클 조던은 고등학교 2학년 때 농구팀에서 쫓겨났지만 열심히 노력하여 마침내 세계적인 농구선수로 거듭났습니다.

도전을 했다가 실패를 한다면 50%의 실패지만 아예 처음부터 도전하지 않는 것은 100% 실패한 것과 같습니다. 그러므로 당신의 부족한 면을 인정하고 그것을 극복하기 위해 노력하십시오.

인생에서 우리 앞에 일어난 일은 10%에 해당하며 그 일에 대한 우리의 대처방식은 90%에 해당합니다. 그리고 자기 인생의 주인공으로 살아가는 사람만이 그 90%에 해당하는 대처방식을 스스로 결정합니다. 즉, 자신의 생각대로 계획과 목표를 세우고 그 목표의 낮은 단계부터 인생의 높은 단계까지 자이를 실현하면서 살아가는 것입니다.

가정형편이 어렵습니까?

학벌이 보잘 것 없습니까?

외모에 자신감이 없습니까?

나이를 많이 먹었습니까?

현재의 생활이 마음에 들지 않습니까?

그런 것은 모두 당신의 인생에서 10%에 지나지 않습니다. 그 나머지 90%는 당신의 선택에 달려 있는 것입니다. 당신이 인생의 주인공으로 살아가려면 10%에 지나지 않는 상황에 굴복하지 말고 나머지 90%를 스스로 요리해야만 합니다.


아무 생각없이 그저 주어진 것에 순응하며 살아가지 마십시오. 목표를 세우고 그것을 향해 나아가는 사람들이 얼마나 행복한 삶을 살아가고 있는지 생각해 보십시오.

지그 지글러는 세계적인 초베스트셀러『정상에서 만납시다』를 통해 꿈의 위대함을 증명한 바 있습니다. 꿈을 갖고 인생의 목표를 걸어간 사람들이 그렇지 않은 사람들과 그 결과에 있어서 얼마나 커다란 차이를 보이는지 증명했던 것입니다.

사람은 미래에 대한 꿈이 없으면 의욕이 생기지 않는 법입니다.

심리학자인 K. 레윈은 어항 속에 작은 물고기와 그 물고기를 잡아먹는 큰 물고기를 함께 넣어두는 실험을 통해 꿈을 잃으면 어떤 결과를 얻게 되는지 알아냈습니다.

처음에 작은 물고기는 큰 물고기의 밥이 되어버렸지만 일정기간 동안 어항 가운데에 유리판을 넣어두고 격리를 시키자 변화가 일어났습니다. 유리판에 가로막혀 먹을 수 없다고 체념해 버린 큰 물고기는 유리판을 치워 작은 물고기가 유유히 돌아다니는데도 잡아먹지 못하고 굶어죽었던 것입니다.

절대로 꿈을 잃지 마십시오.

당신이 현재 하고있는 사업(業), 당신이 계획하는 사업에 대한 의미 그리고 가치를 스스로 찾아내십시오. 그것이 당신의 전부를 걸고 할 만한 일인지 따져보십시오. 만약 당신의 일이 당신의 미래를 담보할 수 없다면 당신의 모든 것을 걸고 배팅할 수는 없을 것입니다.

하지만 한 가지 명심해둘 일이 있습니다.

당신의 일에 대해 100사람에게 물었을 때, 100사람 모두 안 된다고 한다면 그것은 안 되는 일입니다. 그러나 100명 중에서 한 두 명이라도 된다고 하면 그 일이 최선이 될 수도 있습니다. 100사람 중에서 절반 이상이 찬성할 때는 늦습니다. 이미 당신뿐만 아니라 다른 모든 사람들이 그 일에 관심을 기울이기 때문입니다.

만약 당신이 지금 위험한 상황에 놓여 있다면, 불안정하다면 그래서 새로운 경지에 도달하기를 진정으로 원한다면 당신은 인생에서 자기경영의 또다른 심화단계에 접어들고 있는 것입니다.

다시말해 당신의 인생을 한 차원 끌어올릴 기회가 온 것입니다. 그 순간은 당신의 삶에 있어서 황금의 시간과도 같습니다.

유태계의 정신학자인 빅터 프랭클은 세계적으로 널리 알려진 『죽음의 수용소에서』라는 책에서 삶의 처절한 순간을 담담하게 묘사하고 있습니다. 아우슈비츠 수용소에서 아내와 부모를 잃고 정신적인 공황상태에 빠질 뻔했던 그는 '그처럼 극단적으로 어려운 상황에서 마지막까지 살아남는 사람은 과연 누구일까?'라는 호기심으로 사람들을 관찰하기 시작했습니다.

어떤 사람이 살아남았을까요?

몸이 튼튼하고 체격이 좋은 사람이 살아남았을까요?

결코 그렇지 않습니다. 마지막까지 살아남은 사람은 비록 몸은 허약했지만 자신에게 주어진 고난, 공격, 위기의 의미를 정확히 부여해낸 사람입니다.

살아야 할 이유가 있는 사람, 삶의 의미를 깨달은 사람에게는 그 어떤 고난도 고난이 될 수 없습니다. 당신의 삶에 의미를 부여하십시오.

인생의 굴곡을 겪으면서도 '고난 속에서 의미를 찾을 수는 없을까?', '내가 하고 있는 일에서 의미를 찾을 수 있을까?', '내 삶의 의미를 찾을 수 있는가?'를 생각하면서 그 속에서 정말로 의미를 찾아낼 수 있다면 놀라울 정도의 성과를 올릴 수 있습니다.

그렇기 때문에 업(業)의 의미를 찾아야 합니다.

그것은 바로 일을 사랑할 수 있어야 한다는 것입니다. 일이라고 하는 것은 그 대가와 관계없이 스스로 그 일에 사랑을 바칠 수 있고 그 일에 헌신할 수 있어야만 25시간 동안 일을 해도 기쁘게 할 수 있습니다.

여기에는 아인슈타인의 상대성의 원리가 작용합니다. 어떤 사람이 상대성의 원리에 대해 알아듣기 쉽게 말해달라고 부탁하자 아인슈타인은 이렇게 말합니다.

"당신이 사랑하는 애인과 함께 있으면 10시간도 짧게 느껴지지만, 보기 싫은 사람과 함께 있을 때에는 1시간도 길게 느껴지지요."

결국 당신이 당신의 일을 사랑한다면 그야말로 미친 듯이 그 일에 빠져들어도 시간과 노력이 전혀 아깝지 않고 오히려 행복을 느끼게 됩니다. 물론 그 반대의 경우라면 불행을 느끼겠지요.

우리는 가끔 TV나 그 밖의 다른 공간에서 열정적으로 자기 일에 몰입하는 사람을 보곤 합니다. 그럴 경우에는 아무리 감정이 메마른 사람에게도 '정말 아름답구나!' 라는 생각이 저절로 찾아듭니다. 세상에서 가장 아름다운 모습은 '자기 일에 열정적으로 매달리는 사람' 입니다. 자기 일이 정말로 좋아서 격정적, 열정적으로 미치도록 자기 일에 파고들어 살아가는 것, 그것이 바로 아름다운 사람의 모습입니다.

흔히 '사람이 꽃보다 아름답다'고 하는 것은 바로 이러한 모습을 두고 하는 말입니다.

당신이 하고 있는 일을 사랑하십시오.

일단 사랑에 빠지면 몰입이 되고 몰입이 되면 두 가지를 얻을 수 있습니다.

하나는 몰입상태에 놓이면 행복할 수 있다는 것입니다. 진정한 행복은 일을 하면서 가치를 만들어내는데 있고 그 가치를 만들어낼 때 몰입상태에 빠질 수 있습니다.

다른 하나는 눈에 보이지 않던 기회를 만들어낼 수 있다는 점입니다. 다시 말해 기회를 포착할 수 있는 것입니다. 이것은 인간이 가지고 있는 위대한 능력 중의 하나입니다.

당신의 업(業)과 삶의 의미 그리고 가치를 찾아 반드시 당신의 일을 통해 행복을 느끼고 사랑을 할 수 있는 상태에 도달해야 합니다.

삶의 의미를 찾고 사랑에 빠지면 밝고 명랑하게 살아갈 수 있습니다. 그렇기 때문에 삶의 의미를 알고 있는 사람들은 항상 젊게 살아갑니다.

이 말의 뜻을 깨닫는 것은 그리 어려운 일이 아닙니다.

사람들은 흔히 일에 대한 계획을 세우는 데는 단 몇 분을 투자하는 것도 아까워하면서 휴가를 계획하는 일에는 몇 시간이고 매달린다고 합니다. 그 이유는 무엇일까요? 아마도 자신이 좋아하는 일을 하는 일과 어쩔 수 없이 해야 하는 일의 차이겠지요.

당장 휴일에 나들이를 나갈 계획이 있는 날과 없는 날의 상황을 떠올려 보십시오. 만약 야외로 나갈 계획이 있다면 서둘러 일어나 집안을 정리하고 나갈 준비를 하느라 정신이 없을 것입니다. 하지만 그 반대의 상황이라면 늘어지게 그야말로 해가 중천에 뜰 때까지 잠을 자게 될 것입니다.

지금 하고 있는 일이 정말로 싫어서 도저히 사랑할 수 없다면 일을 바꾸십시오.

그게 아니라면 지금 하고 있는 일을 철저히 사랑하십시오.

# 3  100년 인생을 대비하라

삶은 관성입니다.

당신이 먹는 음식, 듣는 음악, 만나는 사람을 생각해 보십시오. 아마도 좀처럼 새로운 것을 허용하지 않을 것입니다. 식당에 가면 늘 앉던 자리 그대로 앉고 버스를 타도 늘 앉던 자리를 찾아갑니다. 먹는 음식도 늘 먹던 것을 찾고 길을 갈 때에도 늘 가던 방향으로만 갑니다. 안 그렇다고 부정하고 싶다면 당신의 행동을 유심히 관찰해 보십시오.

물론 우리가 고려시대나 조선시대처럼 수명이 짧은 시대를 살아가고 있다면 그것은 하등 문제될 것이 없습니다. 하고 있는 일을 늘 하던 대로 잘 처리하는 것만으로도 인생이 벅찰 것이기 때문입니다.

하지만 지금은 평균연령이 70세를 넘었고 100세를 넘기는 일이 그다지 뉴스거리가 되지 못하고 있는 시대입니다. 그렇기 때문에 인생에 대해 보다 장기적인 계획이 필요합니다. 그렇지 않으면 인생이 얼마나 지루하고 단조롭겠습니까?

100년의 노후를 준비하십시오.

이 말이 그리 실감나지 않습니까?

하지만 우리는 이미 과학과 의술의 발달로 환갑잔치를 우습게 생각하는 시대를 살아가고 있습니다. 노인들에게 물어보십시오. 아마 환갑이면 노인 축에도 끼지 못한다는 말을 들을 것입니다.

윈스턴 처칠은 65세에 수상이 되어 히틀러에 대한 항전을 시작했습니다.

해리디 버맨은 일흔이 되어 그림을 시작했고 처음으로 연 전시회를 보고 평론가들은 그를 '미국의 샤갈'이라 불렀습니다. 그리고 그가 22번째의 전시회를 열었을 때 그의 나이는 101세였습니다.

오드리 스터프드 여사는 100세의 나이에 신문사 교정기자로 활약하였고 글래디스 클레피노는 82세의 나이에 박사학위를 따기 위해 아이오아 대학에 입학하였습니다.

볼테르는 65세에 '캉디드'를 썼고 빅토르 위고는 만년에 누구보다 아름다운 시를 창작했으며 괴테도 '파우스트' 제2부의 종장을 만년에 썼습니다.

만약 1870년에 비스마르크가 65세 이상의 모든 사람들을 무조건 퇴직시키는 법안을 통과시키지 않았다면 마음속에 그 나이를 데드라인으로 잡고 의욕을 놓아버리는 사람들이 훨씬 적었을지도 모릅니다. 65세가 넘은 사람들을 자신의 적으로 간주했던 비스마르크의 욕심 때문에 지금까지 수많은 사람들이 한창 의욕적으로 일할 나이에 거리로 내몰린 것은 아닐까요?

하지만 나이는 단순히 숫자에 지나지 않습니다. 그리고 지금은 그 당시보다 수명이 훨씬 더 길어졌기 때문에 노후를 위해 60대 혹은 70대가 되어도 인생의 새로움을 추구하며 활동해야 합니다.

무엇보다 중요한 것은 경제적 독립입니다. 먹고사는 것이 해결되지 않는다면 그밖에 다른 것은 꿈도 꾸지 못할 것이기 때문입니다.

노후를 인간답게 살기 위해 자산을 축적하십시오. 지금 먹고살기에도 빠듯하다면 좀더 열심히 뛰십시오. 노후에 일하지 않고 먹고살 수 있을 만큼 자산을 축적하려면 부지런히 노력해야 합니다.

돈이 없으면 우리는 세상을 살아갈 수가 없습니다.

탈무드에 보면 이런 말이 나옵니다.

"몸은 마음에 의지하고 마음은 지갑에 의존한다."

돈은 인간의 필요에 의해 만들어진 것이지만 지금은 그것이 목숨보다 더한 가치를 지니기도 합니다. 물론 일부 사람들은 돈이 더럽다거나 그것이 인간을 타락시킨다고 말하기도 하지만, 인간이 돈에 의해 타락할 만큼 약하다면 그 사람 자체에 문제가 있는 것이지 돈이 아닙니다.

그러므로 움직여서 돈을 벌 수 있을 때까지는 돈을 벌어야 합니다. 길어진 100년의 인생을 준비하려면 5, 60대에 은퇴를 생각해서는 안 됩니다.

목표를 길게 잡고 단계적으로 하나하나 성취해 나가십시오. 꿈을 향해 나아가는 과정을 1막, 2막 혹은 3막으로 정하여 길어진 인생의 묘미를 즐겨야 합니다.

독일의 실리민은 드로이의 유적이 땅 속에 묻혀 있을 것이라는 확신을 갖고 인생의 목표를 유적 발굴에 두었습니다. 그리고 그 목표에 따라 자신의 인생을 장기적인 단계로 나누었습니다.

- 1막에서는 고문서를 해독할 수 있는 어학능력을 기른다.
- 2막에서는 유적을 발굴할 정도의 돈을 번다.
- 3막에서는 유적을 발굴한다.

그러한 계획에 따라 그는 먼저 잡화점의 점원으로 취직하였고 틈틈이 어학공부를 하였습니다. 물론 그 단계에서는 돈을 벌었어도 먹고살기에 빠듯할 정도였기 때문에 유적을 발굴할 정도의 돈을 벌기는 어려웠습니다. 하지만 그는 어학공부를 열심히 한 덕분에 실력을 인정받아 무역회사에 취직하게 되었고 그때부터 어학실력을 좀더 갈고 닦으며 본격적으로 돈을 벌게 되었습니다.

42세가 되었을 때, 그는 마침내 충분한 돈과 어학실력을 갖출 수 있었습니다. 그리고 나머지 인생을 유적 발굴이라는 목표에 쏟아 붓겠다는 자세로 열심히 노력하여 마침내 어둠에 갇혀 있던 유적을 발굴하게 되었습니다.

인생을 '목표를 실현하는데 필요한 수단을 획득하는 준비기간'과 '정말로 목표를 향해 매진하는 기간'으로 나누십시오. 목표를 실현하는데 필요한 것이 있다면 그것이 능력이든 어떤 도구이든 그것을 얻기 위해 충분히 노력하십시오. 그러한 준비 없이 목표를 달성하기는 어렵습니다. 움직이십시오. 고여 있는 물이 썩듯 목표를 향해 움직이지 않는 사람의 인생도 썩게 마련입니다.

당신의 20년 혹은 30년 후를 생각해 보십시오.

당신은 그때 남에게 손을 벌리지 않을 자신이 있습니까? 자식에게 혹은 국가에 의존하지 않을 자신이 있습니까? 물론 현재의 삶도 중요하지만 그래도 지금은 일을 해서 먹고살 수 있습니다. 그러나 일하고 싶어도 일할 수 없는 노후에는 어떻게 살아갈 생각입니까?

10대에는 1년이 지루하게 느껴지고 20대에는 1년이 무덤덤하게 느껴지며 3, 40대에는 1년이 잠깐이라고 느껴지지만 5, 60대가 되면 1년이 마치 화살이 지나가는 듯이 느껴지게 마련입니다. 왕성하게 활동하고 있는 시기에 시간이 화살처럼 빠르게 지나가는 것처럼 느껴지는 순간을 대비하십시오.

오늘을 살아가는 30~40대의 사람들은 '마지막 효도세대이자 처음으로 버림을 받는 세대'라고 합니다. 다시 말해 어려서 유교적인 교육을 받은 탓에 부모에게 효도는 하지만, 그와 전혀 다른 문화권에서 자라나고 있는 자식들로부터는 버림을 받는다는 것입니다.

그래도 혹시나 하는 마음을 갖고 있는 사람도 있겠지만, 아마도 현실을 직시하는 것이 정확한 예측일 것입니다. 그러므로 준비를 하십시오. 인생을 살아가면서 몇 번이고 직업을 바꾸어야 하는 것이 이제는 당연한 일이 되었습니다. 투잡이나 쓰리잡의 열풍이 불고 있는 이유도 자신들이 놓여 있는 위기상황을 알고 있기 때문입니다.

그것은 특별한 사람들만 준비해야 하는 것이 아니라 모든 사람들이 그렇게 해야 합니다. 이제 2막 인생 혹은 3막 인생은 특수한 사람들의 이야기가 아닙니다.

예를 들어 주부라는 1막 인생을 마치고 사업가로서 2막 인생을 살아갈 수도 있을 것이고 2막 인생을 살고 자원봉사자로서 3막 인생을 살아갈 수도 있을 것입니다. 다행이 인생의 전반전에 돈을 많이 벌어 후반전에 좋은 일을 하면서 번 돈을 사회에 기부하고 자원봉사도 할 수 있다면 참으로 행복한 인생일 것입니다.

 새로운 인생을 개척할 때, 당신은 두 가지 사항을 염두에 두어야 합니다.
 하나는 항상 새로 시작할 수 있어야 한다는 것입니다. 언제든 상황이 바뀌면 '나는 항상 새롭게 시작할 수 있다', '내 과거, 내 지위가 어떠냐에 관계없이 나는 항상 새로 시작할 수 있다'는 마음가짐을 가져야 하는 것입니다.
 직장에서 최고경영자, 사장 혹은 부장직을 맡았더라도 새로운 인생을 시작할 때에는 밑바닥부터 다시 시작한다는 각오와 마음자세로 임해야 합니다. 과거는 부도난 수표이고 미래는 아직 찾아 쓸 수 없는 어음이며 오로지 현재만이 현금입니다. 부도난 수표를 들고 아무리 하소연을 해보았자 알아주는 이도 없고 써먹을 곳도 없습니다. 중요한 것은 현재일 뿐입니다. 오늘을 사십시오.

다른 하나는 '나는 여름날 윈드서핑을 하는 것처럼 상황이 바뀌면 항상 유연하게 적응하고 변화할 수 있다'는 자세를 갖춰야 합니다. 새로운 것을 익히고 새로운 변화에 적응할 수 있어야 하는 것입니다.

항상 '필요하다고 판단되면 나는 늘 변할 수 있고 새로운 것을 익힐 수 있다. 그리고 새로운 행동을 하는 결단을 내릴 수 있다'는 마음자세로 살아간다면 어떤 변화에도 성공적으로 살아갈 수 있습니다.

당신은 당신이 놓여 있는 현주소를 알고 있습니까?

당신 자신을 잘 파악하여 부족한 부분을 보충하기 위해 시간과 노력을 투자하고 장점은 더욱더 개발하기 위해 노력합니까?

당신의 나이, 지위, 직업에 관계없이 자신의 삶 전체를 아우르는 '진정한 나'를 연구하는 시간을 가지십시오. 그 결과가 위험경보로 다가오든 아니면 축하의 메시지로 다가오든 상관없습니다. 중요한 것은 당신이 '앞으로 어떻게 살아갈 것인가' 하는 문제입니다.

혹시 지금 가파른 인생의 시련기를 걷고 있더라도 혹은 내리막길로 들어섰더라도 걱정하지 마십시오. 당신 자신에 대해 정확히 알아보는 시간을 통해 스스로를 점검하고 새로운 길을 모색하면 됩니다. 당신은 할 수 있습니다.

다음의 질문에 진솔하게 대답하여 지금이 최고의 상태인지 아니면 문제해결을 위해 좀더 분발해야 하는지 살펴보십시오. 지금 당장 돌파구를 찾지 않으면 위기가 다가올지도 모릅니다.

1) 현재의 직업에 만족합니까?

2) 당신의 직업에 헌신적으로 몰입합니까?

3) 직업의 장래성을 믿습니까?

4) 당신의 직업에서 최상과 완벽함을 추구합니까?

5) 직업도 배움과 학습의 대상으로 생각합니까?

6) 당신의 고객이 누구인지 항상 생각합니까?

7) 미래를 위해 현재의 직장에 당신의 시간과 노력을 투자하고 있습니까?

8) 매일매일 자신이 새롭다고 느낍니까?

9) 회사와의 관계를 언제라도 헤어질 수 있는 계약관계로 봅니까?

10) 작은 일에도 정성을 기울입니까?

11) 끊임없이 미래의 기회를 찾고 있습니까?

12) 스스로를 세일즈맨이라고 생각합니까?

13) 자기계발에 필사적입니까?

14) 당신의 일에서 커리어를 만들어가고 있습니까?

15) 고객의 성향을 파악하기 위해 노력합니까?

16) 주어진 삶에 진취적이고 적극적입니까?

17) 주어진 위험을 이겨낼 수 있습니까?

18) 당신의 관심은 주로 미래에 초점이 맞춰져 있습니까?

19) 자신만의 휴먼네트워크를 만들어가고 있습니까?

20) 당신은 당신을 경영하는 1인 기업가입니까?

 이러한 질문에 진솔하게 응하다 보면 당신이 진정으로 원하는 것이 무엇인지 그리고 어디를 향해 가고 있는지를 파악할 수 있을 것입니다. 여기에서 제시된 내용뿐만 아니라 당신의 삶을 재조정하는데 도움을 줄 질문을 만들어 수시로 자기 자신에게 질문을 던지는 것이 좋습니다.

 그렇게 자신의 현주소를 다져나가면서 그것을 미래의 행복으로 연결시켜야 합니다. 왜냐하면 준비 없이 맞이하기에는 우리의 수명이 너무 많이 늘어났기 때문입니다.

 현재를 생각하고 미래를 생각해 보십시오. 돈을 벌어 먹고 사는 지금도 힘든데 별다른 수입 없이 노후를 보내야 한다는 것을 떠올려보십시오. 끔찍하지 않습니까?

준비를 하십시오.

피터 드러커 교수는 『단절의 시대』에서 '45세에도 새로운 인생을 다시 시작할 수 있다'고 말한 바 있습니다. 인생을 길게 보고 하루하루를 훈련의 장으로 삼으십시오.

인생은 마라톤입니다.

초반에 승부를 꾀하려 하다가는 반환점에 서기도 전에 지쳐버리고 맙니다. 승부란 언제나 최후의 순간에 결정되는 것이므로 영리한 토끼가 되려 하지 말고 약간 미련해 보이기는 하지만 꾸준히 노력하는 거북이가 되십시오.

서서히 익은 열매가 자연의 맛을 그대로 간직하여 더 달콤한 법입니다. 거대한 상수리나무도 처음에는 작은 도토리로부터 출발한 것입니다. 거대한 상수리나무가 되기 위해 열심히 땀 흘려 땅을 파고 들어가 영양분을 충분히 섭취하는 도토리처럼 행동하십시오.

인생의 2막, 3막은 당신이 오늘 흘린 땀의 양만큼만 행복할 것입니다.

당신의 나이, 지위, 직업에 관계없이

자신의 삶 전체를 아우르는

진정한 나 를 연구하는 시간을 가지십시오.

그 결과가 위험경보로 다가오든 아니면

축하의 메시지로 다가오든 상관없습니다.

중요한 것은 당신이 '앞으로 어떻게

살아갈 것인가' 하는 문제입니다.

# 4 삶의 철학을 다시 한 번 뚜렷이 점검하라

삶은 생각하는 대로 말하는 대로 그리고 믿는 대로 이루어집니다. 그리고 우리가 살아가면서 생각하는 일들의 약 90%는 옳은 것이지만 나머지 10%는 잘못되어 있습니다.

그러므로 당신이 행복한 삶을 살고자 한다면 옳은 90%에 집중하고 잘못된 10%를 무시하십시오. 반대로 걱정과 비탄에 빠지고 싶다면 잘못된 10%에 집중하고 옳은 90%를 무시하십시오.

전쟁에 참가했던 어느 병사가 포탄의 파편을 맞아 다리를 크게 다친 뒤, 기절하고 말았습니다. 그가 정신을 차려보니 병원에 누워 있었고 한쪽 다리가 잘려져 나갔다는 것을 알게 되었습니다. 병사는 너무 슬픈 나머지 울부짖으며 소리를 질러 댔고 어찌할 수 없는 아픔에 통곡을 하였습니다.

그런데 얼마 지나지 않아 그 병사의 어두웠던 표정이 서서히 밝아졌습니다. 그런 변화를 감지한 그의 동료가 이상하다는 듯한 표정으로 물었습니다.

"그래도 씩씩하게 잘 이겨내는군. 자넨 정말 대단해!"

"처음에는 살고 싶지 않았네. 하지만 생각을 바꾸니까 마음이 달라지더군. 다리를 잃은 것이 아니라, 나라를 위해 바쳤다는 생각을 한 다음 인생관이 달라졌다네."


자신이 원하는 삶을 살고자 한다면 삶의 철학을 뚜렷이 하고 그것을 점검해야 합니다.

즉, 자신의 삶을 선택하고 행동하고 스스로 책임져야 하는 것입니다. 그처럼 모든 것을 스스로 책임지는 삶을 살아야만 인생의 묘미를 스스로 발견하는 기쁨을 누릴 수 있습니다.

하지만 대다수의 사람들은 혼자서 살아갈 수 없다는 강박관념에 사로잡혀 처음부터 스스로 해볼 결심조차 하지 않습니다.

하늘은 스스로 일어서고자 애쓰는 사람만 돕는 법입니다.

그러나 사람들은 이것을 너무도 당연하게 생각하면서 마치 공기의 고마움을 모르고 호흡을 하는 것처럼 그 진리의 가치를 알아보지 못합니다.

타인의 도움은 사람을 나약하게 만들지만 스스로를 돕는 것은 언제나 강력한 힘을 발휘합니다. 개인이든 집단이든 타인의 도움을 받으면 점점 자립심이 없어지고 지도와 감독에 길들여져 무력한 존재가 되기 쉽습니다.

이제 삶은 점점 더 빨라지고 있습니다. 동시에 남을 돕기는커녕 자기 한 몸을 제대로 챙기는 것도 힘들어지고 있습니다.

따라서 어느 분야에 속해 있든 스스로 새로운 길과 기회를 모색해 나가야 합니다.

가족이든 조직이든 국가든 어느 한 사람을 구조적으로 도울 수는 없습니다. 오로지 스스로를 돕는 길만이 자신을 진정으로 돕는 유일한 길입니다.


'모든 것을 내가 책임진다'라는 생각은 무엇보다 삶에 긴장감을 더해주어 삶의 묘미를 느끼게 해줍니다.

예를 들어 사업가는 위험부담을 안고 모든 상황을 스스로 판단하고 스스로 배팅하고 스스로를 책임지면서 묘미를 느끼게 됩니다. 물론 그러한 행위가 반복되면 정신적으로 여물어지고 단호함이 당신의 생활을 지배하게 됩니다. 그러면 눈빛부터가 달라지고 결국 그런 의식이 뼛속 깊이 파고들어 매사에 투명하고 극명한 삶을 살아갈 수 있습니다.


우선 작은 것부터 실천하십시오.

사소한 행동과 말이 연쇄반응을 일으키면 그것이 원자폭탄이 될 수도 있습니다.

언젠가 백악관에 입성한 맥킨리 대통령이 유능한 두 사람의 친구 중에서 누구를 고위 외교직에 앉힐 것인가를 두고 고심하게 되었습니다. 한참이나 고민하던 맥킨리는 지난날 친구의 행동을 떠올리며 결정을 내리게 되었습니다.

폭풍우가 몰아치던 어느 날 저녁, 전차를 타게 된 맥킨리는 뒤쪽에 남은 마지막 자리 하나를 잡게 되었습니다. 그때, 나이 많은 한 아주머니가 무거운 빨래바구니를 들고 전차에 올랐습니다. 힘겨워 보이는 그녀에게 자리를 양보하는 사람은 하나도 없었고 맥킨리의 두 친구 중의 한 명도 그 아주머니와 가까운 곳에 있었지만, 신문을 보는 체하며 고개를 푹 숙이고 있었습니다.

그때, 맥킨리가 벌떡 일어나 아주머니에게 자리를 양보하였는데, 그 친구는 그때까지도 고개조차 돌리지 않았습니다. 훗날 그는 그 사소한 이기심 때문에 자신이 그토록 원하던 고위 외교관직을 놓치고 말았습니다.

카알라일은 이렇게 말했습니다.

"어떠한 환경, 어떠한 생활 속에서도 인간이 찾아야 할 의무와 이상이 있다. 당신이 처해 있는 그 환경이 매우 불행하고 보잘 것 없는 것일지라도 그 속에는 당신이 찾아야 할 이상이 있다. 특히 좋지 않은 환경에서도 자기 자신을 훌륭히 키워 올려가는 것이 우리가 자유를 얻는 길이다."

당신 자신을 돌아보십시오.

당신은 이미 엄청난 축복을 받은 존재입니다. 다만 당신이 그것을 깨닫지 못하고 있을 뿐입니다. 그것을 활용하십시오.

당신은 오늘 아침 건강하게 일어났습니까? 그러면 당신은 이번 주 안에 이 세상을 하직할 100만 명보다 분명 축복을 받은 것입니다.

당신이 지금 전쟁터에 있지 않고 감옥에 갇혀 있지 않으며 배고픔을 겪지 않고 있습니까? 그러면 당신은 지구상의 5억 명보다 더 축복을 받은 셈입니다.

당신의 집에 먹을 것이 있고 옷을 입고 잠을 잘 수 있는 집이 있습니까? 그러면 당신은 지구상에 존재하는 75%의 사람들보다 더 축복받은 셈입니다.

당신이 은행에 그리고 지갑에 약간의 돈이 들어 있습니까? 그러면 당신은 이 지구상에서 8% 안에 드는 부자입니다.

혹시 이 지구상의 20억의 인구가 아직 글을 읽을 줄 모른다는 사실을 알고 있습니까? 이제는 웃는 얼굴로 그러한 축복에 감사하며 그것을 충분히 활용할 수 있는 방법을 생각해 보십시오.

당신은 아침마다 행복과 불행 중에서 하나를 선택할 수 있습니다. 당신은 아침에 일어났을 때, 행복을 선택하겠습니까? 아니면 불행을 선택하겠습니까? 당신의 선택에 따라 하루하루가 다르고 그 하루는 일주일, 한 달, 1년 그리고 당신의 인생이 됩니다.

미국에서 400만부 이상 팔려나간 스테디셀러로 지금도 미국의 대학생들이 즐겨 있는 책 중에 에인 랜드(Ayn rand)의 『아틀라스 Atlas』라는 것이 있는데 그 책이 주는 메시지는 아주 간단합니다.

&lt;네 인생은 네가 책임지고 만들어가는 것이다.&gt;

한 마디로 말해 일하지 않으면 먹지도 말라는 것과 같습니다. 흔히 어른들이 말씀하시는 것처럼 태어나면서부터 먹을 것을 타고나는 것은 아닙니다. 그것은 스스로 만들어가야 하는 것입니다. 세상에 노력 없이 얻을 수 있는 것은 아무 것도 없습니다.

우리의 교육현실에 대해 개탄을 금치 못하는 어떤 사람은 이렇게 말합니다.

"요즘의 아이들은 모든 것을 의존하면서 살아간다. 부모에게 의존하고 학원에 의지하고 자기 스스로 뭔가를 개척해 나가려는 정신이 부족하다."

이것은 어려서는 어머니의 치맛바람에 휘둘리고 청소년이 되면 학원의 스케줄에 끌려 다니며 정작 자신이 하고 싶은 일은 거의 하지 못하며 자라나는 우리 아이들의 현주소를 말하는 것입니다. 하지만 정작 대학을 수석으로 합격하고 남다른 성적을 올린 아이들을 보면 '스스로의 필요성에 의해 공부했다'는 아이들이 많습니다.

결국 스스로 책임지고 스스로의 필요성에 따라 공부를 해야만 성과가 높다는 것을 의미합니다. 그러므로 이제부터라도 아이들의 뜻을 존중해주고 스스로의 필요성을 찾아 원하는 공부를 할 수 있는 풍토가 조성되었으면 좋겠습니다.

사람들은 왜 그렇게 열심히 살고자 노력하는 것일까요?

아마도 다음의 이야기가 이 질문에 대한 대답이 될 수 있을 것입니다.

전 조지 부시 대통령의 아내이자 현 부시 대통령의 어머니인 바바라 부시 여사와 관련하여 아주 교훈적인 이야기가 잔잔한 감동을 주고 있습니다.

퇴임 이후, 일본을 방문한 부시 대통령이 만찬장에서 쓰러

지자 바바라 여사는 사람들이 당황하지 않도록 침착하게 상황을 진두지휘하였고 그 결단성과 대담성에 많은 사람들이 박수를 보냈습니다. 그러한 그녀의 뒤에는 훌륭한 아버지가 있었는데, 딸이 약혼을 하게 되자 아버지는 그녀와 함께 식사를 하면서 이런 이야기를 들려주었습니다.

"부모가 결혼을 해서 아이를 낳은 뒤에 해줄 수 있는 것은 세 가지가 있다.

첫째, 부모는 모든 노력을 기울여 최고급의 교육기회를 제공해야 한다.

둘째, 부모는 항상 그들에게 사랑을 베풀어야 한다.

셋째, 부모는 그들에게 본보기가 되기 위해 노력해야 한다."

그야말로 핵심 포인트를 기막히게 잡아낸 이 교훈은 누구에게나 감동을 주고도 남음이 있습니다.

당신은 자녀들에게 최고의 교육기회를 제공하기 위해 노력하고 있습니까?

당신은 자녀들에게 항상 사랑을 베풀고 있습니까?

당신은 자녀들에게 항상 본보기를 보이려 노력하고 있습니까?

바바라 부시 여사는 한 번도 아버지의 교훈을 잊은 적이 없다고 합니다. 그리고 그녀는 아이들을 양육하면서 아버지의 교훈에 한 가지를 더 보태 이런 교훈을 전해주고 있습니다.

"아이들의 독립심을 키워주어야 한다."

이제 당신이 왜 열심히 살아야 하는지에 대한 해답을 찾았습니까?

생각의 틀을 다시 구축하십시오.

당신의 생각이 당신의 운명을 만듭니다. 그런 의미에서 볼 때, 메트로폴리탄 밀워키의 YMCA 모토는 우리에게 많은 교훈을 줍니다.

> 당신의 사고를 관찰하라. 그러면 그것은 말로 변할 것이다.
> 당신의 말을 관찰하라. 그러면 그것은 행동으로 변할 것이다.
> 당신의 행동을 관찰하라. 그러면 그것은 습관으로 변할 것이다.
> 당신의 습관을 관찰하라. 그러면 그것은 개성으로 변할 것이다.
> 당신의 개성을 관찰하라. 그러면 그것은 당신의 운명이 될 것이다.

당신은 지금 어떤 생각을 가지고 살아갑니까? 이제부터는 의식적으로 당신의 생각을 고찰해 보십시오. 왜냐하면 그것이 당신의 운명을 결정하기 때문입니다.

운명의 파도가 당신을 엉뚱한 방향으로 내몰지라도 그것조차 삶의 일부라 받아들이십시오. 삶을 있는 그대로 직시하면 모든 것이 완벽해집니다. 철저하게 현실을 직시해야만 그 속에서 자신이 나아갈 방향을 잡을 수 있습니다.

어느 유명한 종교가가 사람들에게 이렇게 말했습니다.

"삶은 완벽합니다. 모든 것이 완벽하지요."

그때, 그 이야기를 듣던 어느 꼽추가 벌떡 일어나더니 큰소

리로 외쳤습니다.

"삶이 완벽하다고? 흥! 나를 보시오. 내가 바로 삶이 완벽하지 않다는 증거요."

그러자 그 종교가는 지그시 꼽추를 바라보더니 이렇게 말했습니다.

"당신은 지금까지 내가 본 꼽추들 중에서 가장 완벽한 꼽추입니다."


당신의 인생은 당신 스스로 선택하고 스스로 책임을 져야 합니다.

모든 것이 나로부터 시작되고 그 끝도 나에게 머문다는 생각으로 홀로서기 연습을 하십시오. 누군가에게 기댄다면 당신은 평생 기회를 얻지 못할 것입니다.

'내 인생은 내가 선택하고 내가 책임진다'고 생각하십시오.

미래는 당신이 지금 어떤 선택을 하느냐에 달려 있습니다.

현명한 선택을 하십시오.

 '모든 것을 내가 책임진다' 라는 생각은

무엇보다 삶에 긴장감을 더해주어

삶의 묘미를 느끼게 해줍니다.

# 5 일일목표 관리를 생활화하라

마거릿 미첼의 소설 『바람과 함께 사라지다』에 보면 마지막 부분에서 스칼렛 오하라가 절망 속에서도 희망을 지니고 한숨을 내쉬며 이렇게 말합니다.

"그래도 내일은 또 다른 날이야."

어제는 지난밤으로 끝났습니다. 오늘은 어제와 완전히 다른 종류의 하루입니다. 당신은 '잠'이라는 죽음에 빠졌다가 아침에 다시 깨어난 것입니다. 우리가 살아가는 하루하루는 우리가 두 번 다시 맞이할 수 없는 날입니다.

당신은 하루하루를 경건한 자세로 맞이하고 있습니까?

하루하루를 마치 게임을 하듯 즐기고 있습니까?

하루를 경건한 자세로 맞이하여 마치 게임을 하듯 즐기려면 '목표관리'를 생활화 해야 합니다. 그것은 아무리 강조해도 지나침이 없습니다.

어떻게 하면 목표관리를 해 나갈 수 있을까요?

어떻게 하면 일일목표관리(혹은 일일목표경영이라고도 부름)를 생활화 할 수 있을까요?

내가 가장 권하고 싶은 것은 새벽시간을 장악하라는 것입니다.

새벽을 확보하십시오. 정말로 성공하고 싶다면 새벽을 잘 활용해야 합니다. 새벽시간을 얻는 것이 바로 인생을 살리는 길입니다. 하루 24시간 중에서 아침의 새벽시간을 확보하지 못한다면 이미 게임은 끝난 것이나 마찬가지입니다.

예를 들어 당신이 아침 일찍 일어나 하루에 25분 동안 책을 읽는다고 가정해 봅시다.

만약 당신이 1분에 약 1,000자의 속도로 책을 읽는다면 25분 동안 2만5천 자에 달하는 글을 읽을 수 있고 그것이 한 달이 되면 75만 자가 되며 1년에 9백만 자를 읽게 됩니다. 이것을 신국판 300쪽짜리 단행본으로 환산한다면 50권의 책이 되고 문고판인 경우에는 70권에 해당합니다.

혹시 글 읽는 속도가 느려 그 절반 정도만 읽는다고 해도 한 달에 2권, 1년이면 24권은 충분히 읽을 수 있습니다. 이때, 당신이 주로 전문서적을 읽는다면 3년 정도가 흘렀을 때 그 분야의 권위자가 부럽지 않을 만큼 많은 지식을 축적할 수 있을 것입니다.

새벽에 맑은 공기를 마시며 조깅을 하는 것도 좋습니다.

매일 30분씩 달리다 보면 어느 순간 건강에 대한 생각은 사라지고 자기규율과 자기절제력이 길러집니다. 다시 말해 육체적 건강은 기본이고 매일 스스로를 절제할 수 있는 훈련을 반복할 수 있는 것입니다.

내가 알고 있는 어떤 분은 조깅을 통해 술, 담배, 무절제한 생활과 이별을 고하고 지금은 건강하고 절제력 있는 사람으로 다시 태어났다고 합니다. 심지어 그는 육체적인 운동이 한 인간을 근본적으로 변화시킬 수 있다고까지 믿고 있습니다.

실제로 달리기를 하다 보면 스트레스에 대한 내성도 강해집니다. 최소한 30분 정도를 달리는 것이 좋지만, 처음에는 5~10분 정도로부터 출발하는 것이 좋습니다. 그리고 너무 빨리 달리는 것보다 숲이나 풀밭을 가볍게 산책하는 것에서 좀 더 빠른 듯한 느낌으로 달리는 것이 좋으며 쿠션이 좋은 운동화를 준비했다면 아스팔트길도 괜찮습니다.

이때, 마음의 준비를 단단히 한다는 의미에서 가능한 한 운동복이나 신발은 두 켤래, 그밖에 몇 가지 도구를 제대로 챙기는 것이 좋습니다. 그러한 준비를 하는 것만으로도 운동을 제대로 해보겠다는 의지를 더 다질 수 있기 때문입니다.

일찍 일어나 아침운동을 끝낸 다음에는 일일목표를 계획하십시오.

먼저 A4 용지를 준비하여 상하로 한 번 그리고 좌우로 한 번 접으십시오. 그러면 앞 뒤 모두 여덟 개의 공간이 생기게 됩니다. 그 각각의 면에 하루를 배정하면 그 종이 하나로 일주일치의 일일목표를 계획할 수 있습니다.

각각의 칸 위에는 연도, 날짜, 요일을 기록하고 번호를 매겨 하루의 일을 우선순위에 따라 적어나갑니다. 목표를 기록할 때에는 중요하고 긴급한 일, 소중한 일, 화급한 일의 순서로 적고 나머지 일은 시간이 날 경우에만 진행합니다. 우리가 하루 동안에 해야 할 일들 중에서 정말로 중요한 것은 20%에 지나지 않는다고 합니다. 그렇기 때문에 우선순위를 매겨놓는 것이 좋습니다.

우선순위를 정해놓지 않으면 하루를 분주하게 보낸 것 같기는 한데, 정작 저녁에 하루를 되돌아보면 한 일이 하나도 없는 듯한 느낌에 빠져들게 됩니다. 인생의 성공은 이처럼 작은 하나하나의 성공 경험이 쌓여서 인생의 성공이 완성됩니다.

### 〈200 년 월 일 업무일지〉

| 일일 중점 목표 | | | | | |
|---|---|---|---|---|---|
| 시 간 | 중요도 | 업 무 | 세 부(직, 개, 집, 기타) | 결 과 | 기타(끼어듦) |
| 오전 5 | | | | | |
| 6 | | | | | |
| 7 | | | | | |
| 8 | | | | | |
| 9 | | | | | |
| 10 | | | | | |
| 11 | | | | | |
| 12 | | | | | |
| 오후 1 | | | | | |
| 2 | | | | | |
| 3 | | | | | |
| 4 | | | | | |
| 5 | | | | | |
| 6 | | | | | |
| 7 | | | | | |
| 8 | | | | | |
| 9 | | | | | |
| 10 | | | | | |
| 11 | | | | | |

※ **직** : 직장 일,  **개** : 개인 일,  **집** : 가정 일,  기타

## ⟨엑셀로 만들어 사용하는 경우의 예⟩

⟨200 년 월 일 업무일지⟩

| 일일중점 목표 | | | | | |
|---|---|---|---|---|---|
| 시 간 | 중요도 | 업 무 | 세 부(직, 개, 집, 기타) | 결 과 | 기타(끼어듦) |
| 오전 5 | | | | | |
| 6 | | | | | |
| 7 | | | | | |
| 8 | | | | | |
| 9 | | | | | |
| 10 | | | | | |
| 11 | | | | | |
| 12 | | | | | |
| 오후 1 | | | | | |
| 2 | | | | | |
| 3 | | | | | |
| 4 | | | | | |
| 5 | | | | | |
| 6 | | | | | |
| 7 | | | | | |
| 8 | | | | | |
| 9 | | | | | |
| 10 | | | | | |
| 11 | | | | | |

※ 직 : 직장 일, 개 : 개인 일, 집 : 가정 일, 기타

⟨200 년 월 일 업무일지⟩

| 일일중점 목표 | | | | | |
|---|---|---|---|---|---|
| 시 간 | 중요도 | 업 무 | 세 부(직, 개, 집, 기타) | 결 과 | 기타(끼어듦) |
| 오전 5 | | | | | |
| 6 | | | | | |
| 7 | | | | | |
| 8 | | | | | |
| 9 | | | | | |
| 10 | | | | | |
| 11 | | | | | |
| 12 | | | | | |
| 오후 1 | | | | | |
| 2 | | | | | |
| 3 | | | | | |
| 4 | | | | | |
| 5 | | | | | |
| 6 | | | | | |
| 7 | | | | | |
| 8 | | | | | |
| 9 | | | | | |
| 10 | | | | | |
| 11 | | | | | |

※ 직 : 직장 일, 개 : 개인 일, 집 : 가정 일, 기타

⟨200 년 월 일 업무일지⟩

| 일일중점 목표 | | | | | |
|---|---|---|---|---|---|
| 시 간 | 중요도 | 업 무 | 세 부(직, 개, 집, 기타) | 결 과 | 기타(끼어듦) |
| 오전 5 | | | | | |
| 6 | | | | | |
| 7 | | | | | |
| 8 | | | | | |
| 9 | | | | | |
| 10 | | | | | |
| 11 | | | | | |
| 12 | | | | | |
| 오후 1 | | | | | |
| 2 | | | | | |
| 3 | | | | | |
| 4 | | | | | |
| 5 | | | | | |
| 6 | | | | | |
| 7 | | | | | |
| 8 | | | | | |
| 9 | | | | | |
| 10 | | | | | |
| 11 | | | | | |

※ 직 : 직장 일, 개 : 개인 일, 집 : 가정 일, 기타

⟨200 년 월 일 업무일지⟩

| 일일중점 목표 | | | | | |
|---|---|---|---|---|---|
| 시 간 | 중요도 | 업 무 | 세 부(직, 개, 집, 기타) | 결 과 | 기타(끼어듦) |
| 오전 5 | | | | | |
| 6 | | | | | |
| 7 | | | | | |
| 8 | | | | | |
| 9 | | | | | |
| 10 | | | | | |
| 11 | | | | | |
| 12 | | | | | |
| 오후 1 | | | | | |
| 2 | | | | | |
| 3 | | | | | |
| 4 | | | | | |
| 5 | | | | | |
| 6 | | | | | |
| 7 | | | | | |
| 8 | | | | | |
| 9 | | | | | |
| 10 | | | | | |
| 11 | | | | | |

※ 직 : 직장 일, 개 : 개인 일, 집 : 가정 일, 기타

찰스 슈와브가 베들레헴 강철회사의 사장으로 있을 때, 하루는 비즈니스 컨설턴트인 아이비 리가 그를 찾아왔습니다. 그리고 슈와브에게 경영의 생산성을 크게 향상시킬 수 있는 간단한 계획을 제시하였습니다.

"가장 중요한 일에 1번, 그 다음으로 중요한 일에 2번…… 이렇게 번호를 매긴 다음 일을 할 때에는 우선 1번부터 하십시오. 그리고 1번의 일이 끝나기 전에는 결코 2번의 일로 넘어가지 않아야 합니다. 쉽게 말해 중요한 순서대로 일을 끝내는 것입니다. 그 날의 일이 예정대로 끝나면 새로운 목록을 준비하여 가장 중요한 일에 우선순위를 두십시오."

그 방법을 실행해 본 슈와브는 몇 주일 후, 그 당시의 가치로 엄청난 액수인 2만5천 달러짜리 수표를 아이비 리에게 보내주었습니다. 실제로 슈와브는 아이비 리의 충고 덕분에 엄청난 생산성 향상의 효과를 보았던 것입니다. 이것은 '천천히 또박또박'과도 통하는 것입니다.

그러면 새벽시간을 활용하는 것 이외에 하루를 효과적으로 보내기 위한 몇 가지 요령을 살펴봅시다.

첫째, 불필요한 행동을 하지 마십시오.

사전에 준비 없이 새로운 일에 뛰어드는 것은 금물입니다. 그리고 자신에게 정말로 중요한 정보나 자료가 아니면 굳이 노력과 시간을 투자하여 찾거나 검토해볼 필요가 없습니다. 지금은 그 어느 때보다 자료 찾기나 검색이 간편하고 쉽습니다. 과거에 몇 날 며칠이 걸리던 정보수집도 지금은 인터넷에 들어가 몇 번 마우스를 클릭 하는 것만으로 간단하게 찾을 수 있는 것입니다. 따라서 지금 필요한 것은 단지 당신의 의지뿐입니다.

둘째, 일은 우선순위를 정해 체계적으로 처리해야 합니다.

앞에서 살펴보았듯이 중요도에 따라 순서를 정해놓고 일을 처리하면 시간낭비를 줄일 수 있습니다. 알고 있다시피 시간은 돈보다 더 귀중합니다. 돈을 잃었을 때에는 열심히 일해 다시 벌어들일 수 있지만, 이미 흘러가 버린 시간은 세상을 주름잡는 권력자도 결코 되돌릴 수 없습니다.

셋째, 일단 손에 잡은 일은 반드시 끝을 봅니다.

그 날 계획한 일은 반드시 그 날 끝내도록 합니다. 만약 상황이 여의치 않다면 최소한 마무리라도 잘 지어 다음 날 차질 없이 이어서 일을 할 수 있도록 해놓아야 합니다.

넷째, 반드시 하루의 계획을 세웁니다.

새벽이든 전날 저녁이든 계획을 세우고 일을 처리한다면 하루를 순조롭게 시작할 수 있습니다. 계획이 있는 사람과 없는 사람은 벌써 마음자세부터가 다르고 행동에 있어서는 더욱더 커다란 차이가 나타납니다.


일일목표관리에는 불변의 법칙이 적용되지 않습니다.

하루 일을 해 나가면서 수시로 바뀔 수 있습니다. 다만 일단 일을 시작했다면 그 일에 전념하고 가능한 한 끝을 보도록 해야 합니다. 주변에 있는 성공자들을 보십시오. 그들은 결코 일을 내일로 미루거나 일일목표관리를 소홀히 하지 않습니다.

일을 뒤로 미루는 것은 시간이라는 재산을 탕진하는 것과 마찬가지입니다.

벤저민 프랭클린의 '오늘 할 수 있는 일을 내일로 미루지 말라'는 말은 몇 세대를 거쳐 우리에게 많은 교훈을 주고 있지만, 실제로 사람들은 '내일까지 미룰 수 있는 일은 결코 오늘 하지 말라'는 교훈을 들은 것처럼 행동하고 있습니다.

내일은 결코 오지 않습니다. 그러므로 일을 내일로 미루지 않기 위한 방법을 실천해야 합니다. 일을 내일로 미루지 않는 방법은 아주 간단합니다.

첫째, 미뤄왔던 일을 지금 당장 시작하십시오.

둘째, 미뤄온 일을 해낼 시간을 구체적으로 정하십시오.

셋째, 미뤄왔던 일을 했을 경우에 얻게 될 이익을 생각하십시오.

하루의 게임에서 승리하기 위한 일일목표 계획을 실천하십시오.

마치 게임을 하는 것처럼 새벽이나 전날 저녁에 세워놓은

목표를 몇 개나 달성했는지 체크하십시오. 매일매일 목표관리를 실천할 수 있는 사람은 자신이 원하는 삶을 살아갈 수 있습니다.

당신이 효과적으로 달성할 수 있는 노하우와 테크닉에 대해 생각하십시오. 당신의 능력을 최대로 발휘하려면 목표를 명확히 세워야 합니다. 그래야만 마치 미사일이 컴퓨터 프로그램의 명령에 따라 정확히 목표물을 찾아가듯 온갖 난관을 뚫고 목표를 향해 정확하게 나아갈 수 있습니다.

그러면 일일목표관리를 실천하는 6가지 원칙에 대해 알아봅시다.

첫째, 규칙적으로 매일 최소한 5~10분 정도 투자하여 하루의 계획을 세웁니다.

둘째, 오늘의 일을 마친 시점에서 내일 해야 할 일의 목록을 기록해둡니다.

셋째, 오늘 해야 할 일의 목록을 점검하고 평가를 합니다.

넷째, 일일목표 가운데서 중요하고 긴급한 일의 순서대로 우선순위를 조정해 나갑니다.

다섯째, 일의 시작이나 종결과 함께 완성도를 곧바로 체크합니다.

여섯째, 갑자기 끼어든 불필요한 일에 가능한 시간을 낭비하지 않습니다. 단 끼어든 일에 대해 마음의 여유를 갖고 대합니다. 경쟁에서 살아남은 목표는 목표가 됩니다.

하루의 계획이 중요한 이유는 삶의 성적표에 100점짜리 하나보다는 60점짜리 두 개가 더 낫기 때문입니다. 홈런을 한 방 날리면 1점수를 얻지만, 안타 두 개를 날리면 2점수를 얻을 수 있습니다. 그러므로 하루하루의 착실한 노력으로 좋은 결과를 쌓아올리려는 의지가 필요합니다.

 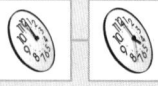 인생의 성공은

하루하루의 작은 경험이

쌓여서 완성됩니다

# 6 매일매일 일지를 남겨라

　기록하는 습관을 들이십시오. 사람은 기록을 남길 수 있어야 합니다.

　무엇보다 자기계발을 원한다면 늘 작은 메모지를 휴대하여 보고 듣고 읽은 지식을 메모해두는 습관이 필요합니다. 사람은 누구나 하루에 10개 정도의 아이디어를 떠올린다고 합니다. 하지만 그것을 의식하거나 기록하지 않기 때문에 그냥 무의미하게 흘려버리는 것입니다.

　링컨은 머릿속에 아이디어가 떠오를 때마다 닥치는 대로

아무 종이에 적어놓았습니다. 그리고 그 종이 조각들을 모자 속에 쑤셔 박아 놓았다가 조용한 시간에 깔끔하게 정리를 했다고 합니다. 어쩌면 그러한 자세 때문에 1858년의 합동연설회 때, 기막힌 재치로 더글러스 후보를 제압했던 것인지도 모릅니다.

한창 합동선거 연설이 열기를 더해가고 있을 때, 먼저 단상에 올라간 더글러스 후보가 갑자기 인신공격을 퍼붓기 시작했습니다.

"링컨 후보는 술을 파는 것도 마시는 것도 금지되던 금주시대에 자신의 식료품 가게에서 술을 팔았습니다."

그렇게 직격탄을 날리고 더글러스 후보가 자신만만한 태도로 연단을 내려오자, 링컨은 별다른 표정 변화 없이 연단에 올라가 말했습니다.

"더글러스 후보의 말이 맞습니다. 그런데 제가 술을 팔았을 때, 우리 가게의 단골손님은 바로 더글러스 후보였습니다. 그리고 저는 지금 장사를 그만두었지만 그는 아직도 단골손님이라고 하더군요."

링컨의 공세에 말문이 막힌 더글러스는 다시 링컨을 이렇게 비난하였습니다.

"링컨 후보는 이중인격자입니다. 그는 하나의 얼굴이 아니라 두 개의 얼굴을 가지고 있습니다."

그 말을 조용히 듣고 있던 링컨이 말했습니다.

"아, 제 얼굴이 두 개라면 얼마나 좋겠습니까! 만약 제가 두 개의 얼굴을 가지고 있다면 오늘 같이 중요한 자리에 이 못생긴 얼굴이 아니라 다른 얼굴을 들고 나왔을 텐데요."

그 말을 들은 청중들은 모두들 폭소를 터뜨리고 말았습니다.

때와 상황에 맞는 말은 준비하는 사람에게 그 기회가 옵니다.

슈베르트는 악상이 떠오를 때마다 식당의 식단표나 입고 있던 옷에 그때그때 적어 아름다운 곡을 남겼다고 합니다.

1,902건의 발명특허를 얻은 에디슨은 무려 3,400권에 달하는 기록노트를 남겼습니다. 그리고 잭 웰치는 어느 만찬 자리에서 냅킨에 적은 메모로 GE를 초일류기업으로 만드는 아이디어를 잡았습니다.

매일매일 하루의 일을 꼼꼼히 기록하십시오. 10분이나 30분 정도의 시간을 투자하여 그 날 한 일과 결과 그리고 성공과 실패를 체크해야 합니다.

사람은 누구나 자기 자신을 돌아볼 수 있는 성찰의 시간을 가져야 합니다. 그런데 매일 매일의 일을 기록해 놓으면 그 자체가 바로 성찰의 도구가 됩니다. 그러한 성찰이야말로 스스로를 발전시킬 수 있는 유일한 비밀병기입니다.

그냥 머리로 생각만 하는 것보다 직접 기록을 하면 그 과정에서 생각이 정리되고 동시에 새로운 종류의 아이디어를 만들어낼 수도 있습니다.

일이라고 하는 것은 항상 뜻대로 순조롭게 풀려나가는 것이 아닙니다. 때로는 위기를 맞이할 수도 있고 어려움도 당하게 됩니다. 그럴 경우, 엄청난 힘을 주는 것이 바로 기록을 남기는 습관입니다. 그것처럼 자기 자신을 성찰할 수 있는 도구는 없습니다.

'두뇌를 잘 쓰려면 손을 다루어야 한다'는 말도 있습니다. 왜냐하면 손은 두뇌와 완벽하게 연결되어 있기 때문입니다.

어떤 사람은 기록하는 것을 무척 어렵게 생각하기도 합니다. 하지만 그것은 그리 어려운 일이 아닙니다. 굳이 어떤 틀이 있어야 한다거나 잘 써야겠다는 욕심이 앞서기 때문에 글이 나오지 않는 것입니다. 일단 편하게 생각나는 대로 두서없이 적어 내려가십시오.

그냥 편한 사람에게 말을 하듯이 생각을 써 내려가면 됩니다. 학교 선생님께 보여주는 일기를 쓰는 것도 아니고 자기 자신을 돌아보려는 글에 굳이 부담감을 느낄 필요는 없습니다. 그리고 글이라고 하는 것은 그냥 마구잡이로 써 내려가다 보면 어느 순간 두서가 생기고 요령도 발견하게 됩니다.

중요한 것은 변명이나 핑계가 아니라 바로 실천입니다.

매일 매일의 일지를 기록하는 일에 어려움을 느끼는 사람들을 위해 한 가지 아이디어를 제공하겠습니다. 그것은 자신을 새롭게 발견하도록 해주는 질문 몇 가지를 만들어놓고 그것에 대답하는 형식으로 하루하루의 일지를 기록해 나가는 것입니다.

예를 들면 다음과 같은 질문을 정해두고 그것에 따라 대답을 작성해 나가도록 합니다.

- 오늘의 계획은 모두 실천했는가?
- 혹시 실패할지도 모른다는 두려움 때문에 망설인 계획은 무엇인가?
- 오늘 해결하지 못한 일은 무엇인가?
- 오늘의 일처리 과정에서 고쳤으면 하는 것은 무엇인가?
- 변화되어야 한다고 생각하는 나의 모습은 무엇인가?

⫶오늘 받은 칭찬은 무엇인가?

⫶오늘의 일 중에서 가장 부끄러운 것은 무엇인가?

⫶만약 좀더 여유가 있었다면 어떤 일을 더 했을 것 같은가?

매일의 일지를 기록하는 것은 성공습관 중의 하나입니다.

성공습관을 만드십시오. 특히 기존의 성공습관을 흔들어 깨우고 새로운 성공습관을 정립해 나가는 방법 가운데 가장 으뜸인 방법이 매일의 일지를 기록하는 것입니다.

그렇다면 당신이 매일의 일지를 기록하는 성공습관을 들여야 하는 이유는 무엇일까요?

그것은 바로 당신이라는 상품을 '브랜드화' 하기 위해서입니다. 인생에서 성공하려면 무엇보다 중요한 것이 바로 브랜드를 만드는 것입니다. 여기서 말하는 '브랜드'란 자기 자신을 널리 알리는 것을 말합니다. 그리고 브랜드는 꾸준히 지속적으로 진행할 때 만들어집니다.

일단 기록하는 습관을 들이면 글 쓰는 일에 익숙해지고 무엇보다 자신의 영역이나 분야에 대한 글이 주종을 이룰 것이므로 자기분야의 전문가 수준에 이르는 글이 나오기도 합니다. 여기서 발전하여 좀더 잘 써보겠다는 생각을 갖게 되면 의식적으로 책을 읽거나 자료를 수집하여 체계를 갖추려 노력하게 됩니다. 그러면 그것이 곧 살아있는 정보서가 되는 것입니다.

예를 들어 『예담이는 열두 살에 1,000만원을 모았어요』라는 책은 예담이가 초등학교 시절부터 스스로 돈을 관리해온 방법과 사업 노하우로 돈을 버는 방법을 알아가는 과정을 기술하고 있습니다. 또한 『지선아 사랑해』는 교통사고로 전신 55%나 3도 화상을 입은 이지선 씨가 자신의 체험담을 담담하게 그려내고 있습니다. 그리고 숱한 처세술 서적이나 연예인의 연예담 그리고 각 분야에서의 경험담에 관한 책들은 바로 이러한 노력의 결과입니다.

매일의 기록을 훗날의 마케팅을 위해 그리고 당신의 이름을 브랜드화 하는 일에 활용하십시오. 하루하루를 자신의 한계를 뛰어넘는 도전과 훈련의 장으로 삼아 자신의 꿈을 실현하는 길을 걸어가는 것입니다.

누구에게나 자기 자신을

돌아볼 수 있는

성찰의 시간이 필요합니다.

그러한 성찰이야 말로

스스로를 발전 시킬 수 있는

유일한 비밀병기입니다.

# 7 완벽은 없다. 행동하면서 배워나가라

 어떤 일을 하기 위해 완벽할 때까지 기다릴 필요는 없습니다. 세상에 완벽한 준비, 완벽한 전략이란 존재하지 않습니다. 그러므로 완벽함을 향해 나아가되, 항상 불확실성 속에서 행동할 수 있는 용기와 지혜가 필요합니다. 다시 말해 행동하면서 배워야 합니다.

 '불완전하지만 불확실하지만 완벽하지 않지만 내 마음이 동하면 내 감정이 동하면 그리고 내가 가야할 길이라고 생각한다면' 서슴없이 행동할 수 있는 용기가 있어야 합니다. 물론 두려움이 있을 수도 있습니다. 그러나 두려움이 없는 것이 용기는 아닙니다. 용기란, 두려움을 뛰어넘는 것을 말합니다.

행동하기를 망설이는 것은 현재보다 더 나아질 것이라는 용기보다 더 나빠질지도 모른다는 두려움이 있기 때문입니다. 하지만 당신에게는 어떠한 상황에서도 적응해 나갈 수 있는 능력이 있습니다.

생각해 보십시오.

지금까지 당신은 얼마나 많은 일을 겪어왔습니까? 그리고 그 당시에는 그것이 얼마나 암담하고 힘들게 느껴졌습니까? 그래도 지금 돌아서서 생각해 보면 잘 적응해 왔고 잘 이겨내지 않았습니까?

그게 바로 인간의 특징입니다.

그리고 당신의 특징입니다.

당신이 강하다는 것을 인정하십시오.

변신을 거듭하며 새로운 종류의 인생을 만들어가기 위해서는 행동하면서 배워나가야 합니다. 다시 말해 행동하면서 최선을 찾아나가야 하는 것입니다. 행동이 없으면 머리로만 수많은 종류의 고층빌딩을 짓고 맙니다. 그런 일에 성장은 존재하지 않습니다.

실수나 실패를 두려워하지 마십시오.

실수나 실패는 일을 배우는 또 다른 방법 중의 하나입니다.

세상에는 실패로 넘어지는 사람보다 자신이 먼저 행복을 버리는 사람들이 더 많습니다. 길은 두 가지뿐입니다. 넘어져서 일어서지 못하거나 아니면 다시 일어서는 것입니다. 그리고 바로 그 순간에 인생이 결정됩니다.

물론 가능한 한 실패나 실수의 크기는 줄여나가야 합니다. 그러나 실수나 실패 그리고 시행착오를 두려워한다면 어떤 종류의 것도 이뤄낼 수 없습니다.

끊임없이 스스로를 실험대에 올려놓고 계속 '나는 나 자신을 실험한다'는 생각으로 실험을 반복해야 합니다.

아주 작은 기회라도 스스로의 판단에 의해 선택한 일은 반드시 행동하십시오. 무슨 일이든 시작이 중요합니다. 하나의 행동은 다음의 행동을 부르며 행동에는 반드시 결실이 따릅니다. 그러나 생각만으로는 아무 것도 얻을 수 없습니다.

성공자는 말로써가 아니라 행동으로 보여줍니다.

자동차 왕 헨리 포드는 '성공자의 행동지침'으로 다음과 같은 것을 들고 있습니다.

첫째, 결코 서두르지 않는다.

다시 말해 일의 순서를 정해 차근차근 처리한다는 것입니다. 그러기 위해서는 소중한 것과 중요한 것 그리고 화급한 것의 우선순위를 정해 일을 처리할 필요가 있습니다. 이때, 아무리 급한 일일지라도 그것이 중요한 일을 뒤로 미루도록 하는 원인이 되어서는 안 됩니다.

우리의 급한 성격이 일을 망치는 경우는 참으로 많습니다. 아주 작은 예로 일의 앞뒤도 따져보지 않고 혹은 상대방의 이야기도 듣지 않고 무조건 화를 냈다가 나중에 모든 상황을 알고 나서 공연히 미안했던 적이 얼마나 많습니까!

아무리 급해도 10분 정도만 템포를 조절하십시오. 그러면 후회를 한결 줄일 수 있을 것입니다.

둘째, 새로운 일을 시작할 때에는 간접적인 경험을 최대로 습득한다.

이것은 곧 정보나 자료를 가능한 한 많이 수집한다는 것을 의미합니다. 그러나 이때 주의해야 할 일이 있습니다. 최대로 정보를 수집하되 예를 들어 100가지의 자료를 준비했다면 그 중에서 90가지는 버릴 생각을 해야 합니다. 다시 말해 필요한 것 10가지만 선택하고 나머지 90가지는 버려야 하는 것입니다.

미국의 식물학자인 루터 버뱅크는 죽기 직전에 이런 말을 남겼습니다.

"나는 지금까지 한 두 종의 우수한 표본을 얻기 위해 수백만 종의 표본을 만들어냈고, 일단 원하는 표본을 구하고 나면 열등한 것들을 폐기시켜 버렸다."

이것은 곧 자료와 정보를 수집할 때에는 쓸만한 소재를 얻기 위해 최선을 다해 모으지만, 일단 정보수집이 끝난 후에는 그 속에서 최선의 것만 남기고 나머지는 버려야 한다는 것을 의미합니다.

셋째, 아는 것을 실천합니다.

설사 일이 뜻대로 진행되지 않을지라도 직접 해보려는 의지와 실천이 중요합니다. 생각만으로 우주를 정복하는 것보다 한 뼘의 공간일지라도 실제로 얻는 것이 더 중요한 법입니다. 인류의 역사는 우리처럼 평범한 사람들의 손에 이루어져 온 것입니다. 결코 안 된다고 생각하지 말고 일단 행동하겠다는 각오를 다지십시오.

넷째, 스스로의 능력을 믿습니다.

인간의 능력은 항상 무한대를 지향합니다. 그렇기 때문에 늘 최선을 다할 필요가 있습니다. 어떤 분야에서든 성공을 거두기 위해서는 자신의 능력에 대한 신뢰와 더불어 자신감을 가져야 합니다.

나폴레온 힐은 자신감을 기르기 위해 다음과 같이 자기암시를 하라고 가르칩니다.

- 나에게는 훌륭한 인생을 구축할 능력이 있다.
- 내가 강하게 원하는 것은 반드시 실현된다.
- 나는 자기암시의 위대한 힘을 믿는다.
- 나는 내 인생의 목표를 기록하고 실천한다.
- 나는 정도를 지킨다.

다섯째, 유용한 일에 돈 쓰는 것을 두려워하지 않습니다.

사람이든 물질이든 투자를 하면 그만한 보상이 돌아온다는 것쯤은 누구나 알고 있을 것입니다. 하지만 돈을 쓸 때에는 늘 다음과 같은 이야기를 염두에 두고 있어야만 합니다.

돈으로 집은 살 수 있지만 가정은 살 수 없습니다.

돈으로 약은 살 수 있지만 건강은 살 수 없습니다.

돈으로 침대는 살 수 있지만 숙면은 살 수 없습니다.

돈으로 책은 살 수 있지만 지혜는 살 수 없습니다.

돈으로 음식은 살 수 있지만 식욕은 살 수 없습니다.

때로는 눈에 보이는 것보다 눈에 보이지 않는 것이 더 중요합니다.

어떤 일을 실천에 옮길 때에는 리듬을 타는 것이 좋습니다. 일단 일이 리듬을 타면 그 성과가 극대화되기 때문입니다. 한 예로 일의 동시처리 효과를 노리십시오. 같은 작업을 반복하면 그 일에 익숙해지기 때문에 가속도가 붙게 됩니다. 이것이 바로 한정된 시간을 두 배로 활용하는 지혜입니다. 다시 말해 시간에 지배를 받기 전에 시간을 경영하는 것입니다.

무엇보다 가장 손쉬운 일부터 시작하십시오. 간혹 직장이나 가정에서 일을 할 때에는 예기치 못했던 일이 발생하기도 합니다. 이럴 경우에도 당황하지 말고 소중함과 중요함 그리고 긴급함의 정도에 따라 우선순위를 다시 조정하여 일을 처리해 나가면 됩니다.

시작이 반이라고 합니다.

뒤로 미루지 말고 지금 당장 실천하시오.

완벽할 때까지 기다리다가는 평생 기다리게 될 지도 모릅니다.

결혼 직령기에 이른 어떤 남자가 완벽한 배우자감을 찾아 세상을 여행하게 되었습니다. 오랜 시간 동안 방황한 끝에 결국 완벽한 배우자감을 찾긴 했는데 그는 빈손으로 돌아올 수밖에 없었습니다. 오랜만에 돌아온 그를 찾아온 친구가 이상하게 생각하면서 물었습니다.

"그래, 완벽한 배우자감을 찾았는가?"

"응. 찾긴 찾았는데……."

"그런데 왜 혼자 돌아왔는가?"

"그녀도 완벽한 배우자감을 찾고 있더군."

평생 동안 완벽함만을 추구하다가는 결국 아무 것도 하지 못하게 될 것입니다.

톨스토이는 자신의 단편소설 '세 가지 의문'에서 이렇게 말합니다.

"이 세상에서 가장 중요한 때는 현재이고 이 세상에서 가장 중요한 사람은 현재 자신이 만나는 사람이며 이 세상에서 가장 중요한 일은 현재 자신이 하고 있는 일이다."

미래에 다가올 완벽한 순간을 기다리며 현재의 중요성을 망각한다면 결국 완벽한 그 날은 오지 않을 것입니다. 지금 이 순간 부딪치고 깨닫고 배우면서 완벽한 그 날을 만들어 나가십시오.

직접 체험하는 것처럼 단기간에 많은 것을 습득할 수 있는 방법은 없습니다. 실수와 실패는 허용할 수 있지만 완벽한 그 날을 위해 언제까지나 기다리기만 하는 것은 용서받기 어려운 어리석은 짓입니다.

가능한 한 모든 것을 행동하며 배우십시오.

어떤 일을 할 때

완벽할 때까지 기다릴 필요는 없습니다.

행동하면서 배워나가는

지혜가 필요합니다.

# 8 현재에 만족하지 말고 혁명을 꿈꾸라

 본업에 충실하되 항상 혁명을 꿈꾸십시오. 주어진 시간에는 본업에 몰입을 하되, 늘 새로운 일을 염두에 두어야 하는 것입니다. 왜냐하면 어떤 조직도 당신의 안위를 책임질 수 없기 때문입니다.

 주말이든 저녁시간이든 틈이 나는 대로 부업, 즉 사이드 프로젝트를 생활화하십시오. 필요한 것은 무엇이든 빨아들이겠다는 자세로 열정적인 스펀지가 되십시오. 그래야만 뭔가를 만들어낼 수 있습니다.

'주말 창업'이나 '투잡', '쓰리잡' 등 '사이드 프로젝트'는 점점 보통 명사로 자리 잡게 될 것입니다. 그만큼 시간이라는 자산을 최대로 활용하여 자신의 미래를 개척하는 사람들이 많아진 것입니다.

사이드 프로젝트를 기획하여 시도해 보십시오.

매사에 적극적인 자세로 긍정적인 교훈과 메시지를 자신의 것으로 만드십시오. 물론 핵심은 실천에 있습니다. 다른 사람의 성공담을 분석하십시오.

'만약 직장을 나온다면 무슨 일을 해야 할까?'를 고민한다면 사이드 프로젝트를 정교하게 짜서 접근해야만 합니다. 물론 처음에는 밑바닥에서부터 배우겠다는 자세를 보여야 합니다. 즉, 진짜 가능성이 있는지, 해볼 만한지를 알아보는 것입니다.

예를 들어 편의점을 운영해볼 기획이라면 편의점에서 아르바이트를 하는 것부터 하나하나 배워나가야 합니다. 어떤 일이든 그 기초를 알지 못하면 성공하기 어렵습니다. 그러므로 하나에서 열까지 스스로 직접 부딪쳐 배워 익혀야 합니다.

이것이 바로 사이드 프로젝트의 준비단계입니다.

조직이 당신을 위해 보장해줄 수 있는 것은 아무 것도 없습니다. 주말을 그리고 저녁시간을 활용하지 않는다면 당신이 원하는 미래는 그 누구도 담보할 수 없습니다.

물론 본업을 확장할 수도 있고 본업을 완전히 떠나 새로운 종류의 2모작, 3모작 인생을 기획할 수도 있습니다. 어떤 종류의 사이드 프로젝트이든 새벽, 저녁, 주말을 이용하여 그것을 생활화하십시오.

일주일 내내 새벽의 1시간을 투자한다면 월요일부터 금요일까지는 5시간에 불과하지만, 여기에 토요일과 일요일을 잘 활용한다면 그것을 10시간 혹은 20시간으로 늘릴 수도 있습니다. 그렇게 2배 내지 4배로 늘어난 시간을 어떻게 활용할 생각입니까?

지금처럼 고용불안이 가중되고 있는 시절에 대안은 무엇이 있겠습니까? 그것은 바로 당신 스스로 1인 기업가가 되는 것입니다. 아직도 1인 기업가를 준비하지 않는 사람이 있다면 지금부터라도 주말의 시간을 어떻게 보낼 것인가를 고민해 보십시오.

당신이 자투리 시간을 어떻게 활용하느냐에 따라 당신의 미래는 확연히 달라집니다. 혼자 있는 시간을 정복하여 최대로 활용하십시오. 그 시간을 정복한 사람의 미래는 성공적입니다.

자신의 현재가 만족스럽지 못하다면 지금 당장 실행하십시오.

하루 평균 14시간 정도를 활동하는 당신이 자기계발을 위해 할애하는 시간은 어느 정도입니까? 시간이 당신에게 여유를 주지 않는 것이 아니라, 당신이 그 여유를 허용하지 않을 뿐이라는 사실을 자각하십시오. 시간은 신축성이 있기 때문에 똑같은 1시간일지라도 쓰는 사람에 따라 30분도 되고 2시간도 될 수 있습니다.

특히 젊은 시절의 1시간은 노년의 10시간의 가치가 있습니다. 20대에는 1시간에 해결할 만한 일도 30대에는 1시간 30분이 걸리고 40대에는 2시간이 걸리는 것입니다.

하루의 1분은 1년에 4시간입니다.

예를 들어 일주일에 5일을 매일 8시간씩 일하고 하루에 10분씩 절약한다면 어떻게 될까요? 그렇게 되면 1년에 일주일분의 일할 시간을 만들 수 있고 평균수명으로 계산하여 일생을 두고 생각하면 1년 치의 일할 시간이 주어지게 됩니다. 그리고 만약 하루에 1시간을 절약할 수 있다면 일생에 6년을 더 얻게 되는 셈이 됩니다.

당신이 정말로 필요성을 느낀다면 그리고 하고자 하는 의욕이 있다면 당신은 시간을 고무줄처럼 사용하여 얼마든지 새로운 삶을 위한 프로젝트를 기획할 수 있습니다.

초를 아끼지 않는 사람에게는 분과 시간도 있을 수 없습니다. 지금 이 세상의 변화는 시간도 아니고 분도 아닌 초 단위로 이루어지고 있습니다.

1초 동안, 지구는 태양계의 궤도를 29.8킬로미터나 진행하고 7분 동안 하나의 생물종이 멸종하고 있습니다. 1초 동안, 79개의 별이 폭발하여 그 생애를 마감하고 1만 6천 병에 달하는 탄산음료가 소비되며 인구가 2.4명 증가합니다.

할 수 있다고 생각하면 할 수 있습니다.

이제는 당신 자신을 위해 일하십시오. 월급, 수당 등을 위해 타인에게 당신의 인생을 맡기면 물론 당장은 달콤하겠지만 결국 돌아오는 것은 실망과 좌절감뿐입니다. 그러므로 현재의 일에 충실하되 보다 멀리 내다보고 준비를 하십시오.

당신의 인생은 당신 스스로 책임져야 합니다.

# 9 자본주의에서 자본의 의미

 자본주의 사회에서 살아가는 사람들은 누구나 세일즈맨입니다. 다시 말해 누구든 뭔가를 팔아 먹고사는 것입니다. 따라서 자본주의 사회에서 가장 위대한 사람은 가장 잘 파는 사람입니다.

 그렇다면 피터 드러커나 프랜시스 후쿠야마 같은 사람들은 과연 무엇을 팔아서 먹고사는 것일까요? 그들은 지식을 팔아 먹고삽니다. 근로자는 노동을 팔아 먹고살고 제조업자는 물건을 팔아 먹고삽니다. 당신은 무엇을 팔아 먹고삽니까?

자본주의 사회에서 모든 것은 세일즈로 통합니다.

한 마디로 당신은 세일즈맨입니다. 그러므로 당신의 마인드를 고객중심으로 전환시켜야만 합니다. 판매를 하려면 누군가가 사주어야 하기 때문입니다.

먼저 당신이라는 1인 기업가에 대해 연구하십시오. 무엇보다 당신이 어떤 사람이고 또한 무엇을 파는지를 아는 것이 중요합니다. 중요한 것은 당신에게 당신 자신도 고객이라는 점입니다. 어떤 것이든 당신 자신에게 먼저 팔 수 있어야 타인에게도 팔 수 있는 법입니다. 그러므로 당신 스스로를 철저하게 연구하고 고객의 의미를 되새겨 보십시오.

그 다음에는 머리를 써서 철두철미하게 고객을 연구해야 합니다. 기본적으로 당신의 고객이 어떤 사람인지 학습해야 하고 그 고객이 어떻게 바뀌어나가는지 그리고 고객이 어디에 있는지 등을 치밀하게 연구하고 분석해야 하는 것입니다.

만약 당신이 직장인이라면 상사뿐만 아니라 동료까지도 고객으로 보아야 합니다. 당신과 회사는 어디까지나 프로젝트로 계약되어 있는 관계입니다. 그러므로 상사나 동료를 고객이라는 관점으로 바라보고 최선을 다해야 합니다.

미국의 어느 바이올리니스트가 학생들을 가르치며 이런 말을 들려주었습니다.

"천천히 또박또박 켜야만 음을 익힐 수 있다. 그리고 연습하고 또 연습하라."

인생의 모든 진리는 이 말과 통합니다.

너무 빠른 속도로 바이올린을 켜며 훈련을 반복하면 음이 뇌에 축적되지 않는 것처럼 늘 시간에 쫓겨 대충대충 일을 처리하는 사람은 결국 남는 것이 하나도 없게 됩니다. 직장생활을 10년, 20년 했더라도 천천히 또박또박 실천하지 않아 머릿속에 남은 것이 아무 것도 없다면 무슨 소용이겠습니까!

천천히 또박또박 실천하고 연습한다면 2, 3년 안에도 많은 것을 익히게 됩니다. 그렇기 때문에 기본에 충실하여 연습해야 합니다.

그래도 부족하다고 생각한다면 간접경험으로 보충하십시오. 지금은 그 어느 때보다 정보나 자료가 지천으로 널려 있는 세상입니다. 얻고자 하는 마음만 있다면 얼마든지 취합해서 활용할 수 있습니다. 단지 자신이 게으르기 때문이라고 생각지 않습니까?

어떻게 팔 것인가에 대해 최고의 전문가가 되려면 행동하면서 생각을 해야 합니다. 생각을 하면서 부족한 부분은 여러 가지 정보를 통해 보충하십시오. 특히 책이 좋습니다. 이론을 실제에 적용시켜 보고 그것을 이론적으로 검증받을 수 있기 때문입니다.

시간과 노력 그리고 비용을 투자하여 당신만의 신화를 만들어보십시오. 남과 비슷한 수준의 상품과 서비스로는 경쟁력이 떨어질 수밖에 없습니다. 당신을 높은 값에 팔기 위해 품질을 높여 나가십시오. 항상 머리를 쓰면서 비즈니스를 해야 합니다.

 평소에 보고 듣고 읽고 생각하는 훈련을 쌓은 사람에게는 눈에 보이는 모든 것이 '스승'이 될 수 있습니다. 뉴턴은 사과나무에서 사과가 떨어지는 것을 보고 만유인력의 법칙을 발견하였고 제임스 와트는 주전자의 물이 끓을 때 수증기의 힘에 의해 주전자 뚜껑이 열리는 것을 보고 증기기관을 발명하였습니다. 그들은 보통 사람들이 단순하게 보아 넘기는 것을 통해 뛰어난 아이디어와 힌트를 얻었던 것입니다.

 문제의식을 가지고 새로운 것을 추구하십시오. 그리고 그것은 발전적인 것이어야만 합니다.

 하나의 행동이 습관화되면 그보다 큰 과제에 도전을 하고 그것이 습관화되면 또 다시 더욱더 큰 과제에 도전하십시오. 그러한 과정을 통해 인생의 보람을 느끼게 되고 당신이라는 상품의 가치는 나날이 향상될 것입니다.

자본주의에서 자본의 의미는 절대적으로 당신이 승자의 위치에 서야한다는 것을 의미합니다.

자본에 이끌릴 것인가?아니면 자본을 이끌어 갈 것인가?

약간의 굴종과 순종을 갖고 살아갈 것인가? 승부수를 던지며 매순간 배팅을 하는 1인기업가로 살아갈 것인가?

# 10 머리를 써서 상품을 연구하라

 상품이나 서비스로 마케팅을 하는 사람들은 그것에 대해 얼마나 연구를 할까요? 그저 단순히 주어진 매뉴얼 정도의 지식으로 판매를 하려 한다면 100전 100패를 당할 뿐입니다. 지금은 고객이 전문가인 시대입니다. 그러므로 상품이나 서비스를 가지고 마케팅을 하는 사람은 마치 그것과 연애를 하듯 상품을 연구해야 합니다. 흔히 말하듯 '러버 마케팅'을 해야 하는 것입니다.

 상품과 사랑에 빠지십시오.

세일즈는 기본적으로 자기 상품에 대한 신념이 넘쳐흘러 그 기가 상대방을 완전히 녹여내는 것과 똑같습니다. 절대로 얕은 종류의 지식과 정보 그리고 자기 확신이 없으면 고객을 설득할 수 없습니다. 인간이 수 천 년의 세월을 살아오면서 엄청나게 발달해온 기능 중의 하나가 상대방이 거짓말을 하는가 아니면 진실을 말하는가를 파악하는 것입니다.

직접 사용해보고 느껴보고 생각해 보고 나서 고객에게 전달하십시오. 그러한 자세로 신념을 불태워야만 확실성과 정직성 그리고 정확성이 상대방에게 전달됩니다. 상대방에게 진실이 전달되지 않으면 고성능 슈퍼컴퓨터보다 성능이 더 우수한 인간은 결코 감동하지 않습니다.

그러므로 거듭 강조하고 싶은 것은 당신의 상품을 정말로 철두철미하게 그야말로 상품을 만든 사람보다 훨씬 더 부가 정보를 갖고 고객에게 접근해야 한다는 것입니다. 그러기 위해서는 정보를 많이 모아야 하고 정보를 모으려면 첨단기기를 잘 활용해야 합니다.

내가 권하고 싶은 첨단기기는 바로 노트북입니다.

노트북을 활용하여 고객을 서비스하는 도구로 사용한다면 엄청난 비즈니스 병기가 될 수도 있습니다. 정보를 캐내고 또한 그것을 정리하여 이용할 수 있도록 도움을 주는 노트북은 과거에 직원 수 백 명을 데리고 일하는 것과 맞먹는 효율성을 지니고 있습니다.

노트북을 비즈니스 병기로 만드십시오.

특히 최첨단 기기들은 우리에게 많은 도움을 주는 기능을 갖추고 있기 때문에 더욱더 그것을 연구하고 분석하여 최대로 활용해야 합니다. 만약 노트북이 부담스럽다면 PDA를 활용하십시오. 가지고 다니는데도 불편이 없을 뿐만 아니라 별도의 무선키보드를 부착하여 컴퓨터와 같은 성능으로 활용할 수도 있으므로 매우 편리합니다.

자신이 현재 놓인 상황을 정확히 바라보십시오. 그 속에서 아이디어를 찾아내고 자신이 다루는 상품의 기능을 보다 효율적으로 높일 수 있도록 연구하십시오.

알렉산더 그레이엄 벨은 듣지 못했던 아내에게 사랑한다는 말을 전하기 위해 보청기를 연구하다가 그것을 발전시켜 전화기를 발명하게 되었습니다.

코네티컷의 어느 부인은 칼라를 단춧구멍에 넣는 것이 불편하다는 점에 착안하여 연구하다가 스냅단추를 창안하였습니다.

새벽마다 인력시장에 나가 일자리를 구하기 위해 아무리 애를 써도 일자리를 구할 수 없었던 어느 실업자는 어느 날 자신의 표정이 너무 어둡다는 것을 깨닫고 그 날부터 웃는 연습을 한 끝에 결국 일자리를 얻게 되었다고 합니다.

연구 노력하는 자세는 글을 쓰는 데에도 마찬가지로 적용됩니다. 중국의 시인 두보도 독서에 대해 이렇게 말하고 있습니다.

"만 권의 책을 읽으니 마치 신들린 것처럼 글이 잘 써진다."

당신이 현재 다루고 있는 것에 집중하면 그 속에서 해답을 찾을 수 있습니다. 그것을 찾으십시오. 당신이 연구한 그 노력은 분명 일정한 대가로 보상받게 됩니다.

어느 외과의사가 자동차를 수리 센터에 맡겨놓았다가 몇 시간 후 찾으러갔더니 자동차수리공이 엄청난 비용을 요구하였습니다.

"일에 비해 비용이 세군요. 의사인 나보다 비싸네요."

그러자 수리공이 이렇게 대답했습니다.

"당신은 늘 똑같은 사람만 다루지만, 저는 매년 새로운 종류의 자동차를 다뤄야 하기 때문에 연구를 게을리 할 수 없답니다. 그러니 당연히 비용이 비쌀 수밖에 없죠."

상품에 대한 연구를 통해 러버 마케터가 되십시오. 시간과 비용을 투자하여 당신이 다루는 상품과 서비스에 대해 철저하게 연구를 해야 합니다.

   신념을 불태워야만

확실성과 정직성 그리고

정확성이

상대방에게 전달됩니다.

# 11 매일 '나'라는 1인 기업을 혁신하라

최근 기업들이 회계, 자재, 창고, 인사, 재무, 영업 등 모든 면에서 전사적인 업무의 효율성을 찾고 변신의 노력을 거듭하는 이유는 그것이 바로 시대적 요청이기 때문입니다. 갈수록 고객중심으로 모든 시스템을 하나하나 변화시켜 나가고 있는 것입니다.

기업뿐만 아니라 개인도 '1인 기업'인 자기 자신을 혁신해야 합니다.

무엇보다 먼저 자기 자신을 아는 것이 중요합니다. 즉, '나에게 어떤 장점이 있는지', '나의 장점을 세일즈와 마케팅에 어떻게 접목시킬 것인지' 등을 분석해야 하는 것입니다.

사람들은 의외로 자기 자신을 잘 알지 못합니다. 이제라도 자신의 장점을 발굴하여 그것을 세일즈와 마케팅에 연결할 수 있는 방법을 연구하고 활용해야 합니다.

당신이라는 '1인 기업'의 부가가치는 어디에 있습니까?

그것은 바로 두뇌에 있습니다. 그러므로 그 두뇌를 어떻게 활용할 것인가에 대해 좀더 애정과 사랑과 관심을 가져야 합니다. 당신 자신이 공장이자 기업이기 때문입니다. 당신 자신이 바로 부가가치를 낳는 원천입니다. 그러므로 자기혁신을 통해 '1인 기업'의 생산성과 효율성을 높여나가야 합니다.

자기 혁신을 위해 다음을 생각해 보십시오.

첫째, 시간 관리는 어떻게 할 것입니까?

둘째, 주말을 어떻게 보낼 것입니까?

셋째, 어떻게 자기계발을 할 것입니까?

넷째, 당신이라는 '1인 기업'의 공정은 어떻게 개선할 것입니까?

고민이 고민으로 끝난다면 아무 것도 얻을 수 없습니다. 그러므로 구체적인 대안을 세워 그것을 실천해 나가야 합니다.

그러면 그 하나하나의 질문에 대해 생각해 봅시다.

첫째, 시간 관리를 어떻게 할 것입니까?

시간 관리의 구체적인 대안으로는 새벽을 장악해야 한다는 것입니다. 이미 앞에서 설명했지만 아무리 강조해도 지나치지 않은 것이 새벽시간을 잘 활용해야 한다는 것입니다. 새벽을 장악한 사람은 절대로 비즈니스에 지거나 쓰러지지 않습니다. 맑은 영혼의 상태에서 비즈니스를 생각하고 목표를 달성하기 위해 노력한다면 그리고 고객과 시장을 생각한다면 절대로 질 수 없습니다.

승리의 노하우는 바로 새벽을 지키는 데 있습니다.

설사, 실직을 했더라도 재기하는 첫 번째 습관으로 새벽에 일찍 일어나는 것을 선택하십시오. 새벽에 일어나 전략과 대안을 구상하고 정보를 수집하십시오. 세계적으로 이름을 떨친 사업가나 학자들 중에는 새벽을 지킨 사람들이 많습니다.

둘째, 주말을 어떻게 보낼 것입니까?

주말을 단순히 공짜로 주어지는 휴식의 시간이라고 생각합니까? 아니면 주말이니까 아무 생각 안 하고 혹은 아무 일도 안 하고 그저 먹고 마시고 즐겨야 한다고 생각합니까? 물론 휴식은 필요합니다. 그러나 하루 종일 쉬는 것은 오히려 리듬을 깨뜨리는 원인이 되고 맙니다.

예를 들어 두뇌노동의 경우에는 1시간에 5분씩 혹은 2시간에 15분씩 쉬는 것이 적당하다고 합니다. 그러므로 일주일 동안 열심히 일했으니 이틀을 연속해서 푹 쉬어야 한다는 고정관념은 버려야 합니다. 그 시간을 재충전의 기회로 삼아 정보를 수집하거나 자료를 분석하는 시간으로 이용해야 합니다.

생각해 보십시오. 당신이 깨어 활동할 수 있는 하루 14시간 중에서 4시간 정도만 투자해도 이틀이면 8시간이고 매일매일 새벽에 1시간을 활용한다면 일주일에 13시간을 벌 수 있습니다. 한 마디로 말해 당신이 주말을 효율적으로 사용한다면 최소한 2배에서 5배까지 시간 활용의 효율성을 높이는 셈이 됩니다.

셋째, 어떻게 자기 계발을 할 것입니까?

자기 계발을 하려면 먼저 당신 자신의 습관을 한 번 돌아보아야 합니다. 그러기 위해 다음의 '단점 극복 프로그램 표'를 활용하여 매주 체크해 나가십시오.

| 순서 | 항목 | 1주 | 2주 | 3주 | 4주 | 5주 | 6주 | 7주 | 8주 |
|---|---|---|---|---|---|---|---|---|---|
| 1 | 결단력 | ★★★★★★★ | ★★★★★★★ | ★★★★★★★ | ★★★★★★★ | ★★★★★★★ | ★★★★★★★ | ★★★★★★★ | ★★★★★★★ |
| 2 | 자존감 | | ★★★★★★★ | ★★★★★★★ | ★★★★★★★ | ★★★★★★★ | ★★★★★★★ | ★★★★★★★ | ★★★★★★★ |
| 3 | 절제심 | | | ★★★★★★★ | ★★★★★★★ | ★★★★★★★ | ★★★★★★★ | ★★★★★★★ | ★★★★★★★ |
| 4 | 자제력 | | | | ★★★★★★★ | ★★★★★★★ | ★★★★★★★ | ★★★★★★★ | ★★★★★★★ |
| 5 | 이해심 | | | | | ★★★★★★★ | ★★★★★★★ | ★★★★★★★ | ★★★★★★★ |
| 6 | 포용력 | | | | | | ★★★★★★★ | ★★★★★★★ | ★★★★★★★ |
| 7 | 인내심 | | | | | | | ★★★★★★★ | ★★★★★★★ |
| 8 | 행동력 | | | | | | | | ★★★★★★★ |

처음의 1주일 동안에는 주로 결단력에 관한 항목에 유의하여 생활하며 결단력에 집중하여 실천의 의지를 높이도록 해야 합니다. 그리고 2주일째는 결단력과 함께 자존감을 높이기 위해 스스로 노력해야 합니다. 이러한 노력으로 5주째가 되면 이해력을 높임과 동시에 그동안 해오던 결단력, 자존감, 절제심, 자제력을 실천해 나가야 합니다.

가능한 한 이러한 표를 스스로 만들어 자신의 단점을 극복해 나가는 요령으로 삼는 것이 좋습니다.

젊은 시절, 사교술에 약했던 것으로 알려진 벤자민 프랭클린은 교훈적인 내용을 지닌 13가지 항목을 정해 놓고 그것을 철저히 지키려 애썼다고 합니다. 그것은 절제, 침묵, 질서, 결심, 검약, 근면, 신실(信實), 정의, 온화, 깨끗함, 평온, 순결, 겸손을 말합니다. 작은 책자를 만들어 각 페이지마다 하나의 미덕을 기록한 그는 각 페이지를 빨간 잉크로 그어 일곱 칸을 만든 다음 일주일 중 하루에 한 칸을 이용했는데, 항상 그날그날의 실천사항을 점검하였습니다. 그리고 무엇보다 일주일에 한 가지의 미덕에 집중하는 것을 원칙으로 하여 일단 하나의 항목이 습관화되면 다음 항목으로 넘어갔습니다. 그리하여 13주에 한 코스를 완전히 끝냈고 1년에 4번을 반복했다고 합니다.

그 결과, 그는 미국의 역사책 속으로 들어갔고 지금까지도 사람들의 마음속에 강한 인상을 주는 인물로 남아 있습니다.

넷째, 당신이라는 '1인 기업'의 공정은 어떻게 개선할 것입니까?

기업의 경영혁신은 '공정개선의 역사'라는 말처럼 기업은 늘 이윤을 남기기 위해 생산비용을 낮추고 어떻게 하면 서비스의 질을 낮출 수 있는가를 고민합니다.

그렇다면 당신이라는 '1인 기업'의 공정은 어떻게 개선할 생각입니까?

마음의 준비를 단단히 하고 지금부터 당신이라는 '1인 기업'에 도움이 되는 지식을 발견하면 즉시 배우십시오. 좋은 것은 무엇이든 흡수해야 합니다.

아침에 일어나는 시간과 출근준비 과정을 체크해 보십시오. 좀 더 합리적으로 바뀌어야 한다거나 쓸데없이 낭비되는 시간은 없습니까? 아침에 일어나는 시간과 취침 시간이 불규칙하지 않습니까?

혹시 출퇴근하는 시간을 길거리에서 그냥 낭비하고 있지 않습니까? 만약 당신이 대중교통 수단을 이용한다면 책을 보거나 전문지를 읽으십시오. 만약 자가용을 타고 다닌다면 동기부여 테이프를 들으십시오. 일단 출근을 한 뒤에는 이런저런 신문을 보느라 시간을 낭비하지 말고 필요한 면만 본다거나 신문을 아예 통제하는 방법으로 시간 낭비를 줄이십시오.

점심시간 역시 효율적으로 활용하고 있는지 체크해 보십시오. 시간은 고무줄처럼 신축성이 있다는 말을 기억하고 주도적으로 시간을 리드하면서 1분이라도 알차게 활용해야 합니다.

퇴근하면서 집으로 돌아오는 과정이나 집에서 보내는 시간도 분석하고 개선할 점을 찾아보십시오. 새벽을 장악하기 위해서는 최소한 10시에 취침에 들어가야 합니다.

당신이 생활하는 하루를 하나의 공정으로 생각해 보십시오.

그 공정은 시간, 지식, 인맥, 행복, 건강 등으로 나눌 수도 있고 활동공간으로 나눠 집안, 직장, 사내, 상외, 출퇴근 중, 인맥, 자기계발, 식사, 건강 등으로 분류해 볼 수도 있습니다.

어떤 경우든 두뇌를 공장처럼 생각하고 그 공장을 어떻게 활용할 것인지를 연구하십시오. 늘 어떻게 당신 자신을 개선할 수 있을 것인가를 고민하십시오. 다른 사람들이 살아가는 것을 보고 관찰하고 읽으며 스스로를 혁신해 나가십시오. 그것이 바로 경쟁력입니다.

두뇌의 가동률을 최대로 높이십시오.

인간의 두뇌에는 1조개의 세포가 있으며 세포끼리의 전달 경로인 뉴런은 100억 개 정도라고 합니다. 그런데 이러한 뇌 세포를 두고도 인간은 평생 동안 3%밖에 사용하지 않는다고 합니다. 천재 과학자인 아인슈타인조차 13%의 뇌세포만 사용했을 뿐이라고 합니다.

그 무궁무진한 세계에 도전하여 생산성을 높이십시오.

인생은 1분이 쌓여 성패가 결정됩니다. 그러므로 시간을 선택적으로 활용하십시오. 지극히 수동적인 자세로 정보, 시간, 독서의 선택을 타인에게 맡기지 마십시오.

하루에 집중할 수 있는 시간은 한정되어 있습니다. 미국의 심리학자인 윌리엄 윌리 박사는 심리학적으로 볼 때 인간이 고도로 집중할 수 있는 시간은 '25분'이라고 합니다. 그러므로 자투리처럼 늘 당신 곁에 남아 있는 시간들을 활용하십시오. 예를 들면 지하철 안에서 양서를 읽으십시오. 점심을 먹고 난 뒤에 남는 20~30분의 시간에 잡담이나 하지 말고 정보를 캐내거나 문화 산책을 하는 시간으로 활용하십시오.

늘 새로운 것을 찾고 당신의 생산성을 높이십시오. 세상의 경쟁자들과 차별화될 수 있도록 장점을 찾아내십시오.

# 12 신화를 창조하라

　인생은 한 번 뿐입니다.

　당신이 무의식적으로 숨을 쉬고 특별히 하는 일 없이 보내는 이 순간은 당신 평생에 두 번 다시 오지 않습니다. 남향집의 마루에 가만히 앉아 있다 보면 햇볕의 움직임이 마치 우리네 인생 같다는 생각이 듭니다. 햇볕이 가장 잘 들어오는 시간은 오후 2시 정도입니다. 그런데 그 빛은 약 5분에서 10분 정도 머물다가 이내 아쉬움을 남긴 채 밖으로 빠져나가버립니다.

이왕 한 번 태어난 인생인데 보다 확실히 사는 것이 어떻습니까?

다시 한 번 분발하여 신화를 만들어보고 싶은 생각은 없습니까!

지금까지 당신이 어떤 길을 걸어왔든 지금부터 시작하십시오. 이제부터라도 당신 자신의 위대함을 향해 신화를 창조해낼 수 있는 주역으로 만들어가야 합니다. 그것은 당신이 결심만 한다면 얼마든지 가능한 일입니다. 그 결심을 행동으로 조금씩 옮겨가면서 당신 자신을 만들어 가십시오.

인생을 길게 보십시오. 그리고 천천히 인생의 길을 걸어가십시오.

인생의 성패는 연습에 달려 있습니다.

당신은 얼마나 훈련을 했고 얼마나 현장에서 공략을 해보았습니까? 얼마나 도전을 해보았고 얼마나 많이 거절을 당해 보았습니까?

사람은 늘 적극적인 자세로 도전하고 시련 속에서 성장하고 커나가는 법입니다.

여기에 당신 자신을 불행하게 만드는 10가지 방법이 있습니다. 당신이 정말로 불행해지고 싶다면 아니 부정적인 생각에 젖어 신화는 커녕 현재를 유지하는 것조차 휘청거리고 싶다면 이렇게 행동하십시오.

- 오로지 당신 자신만을 생각합니다.
- 남을 칭찬하기보다 칭찬받기를 원합니다.
- 타인의 평가에 민감하게 반응합니다.
- 타인을 의심하고 질투하고 시기합니다.
- 사소한 일에 신경을 쓰고 타인의 비판에 냉소적입니다.
- 늘 자기 입장에서만 모든 것을 바라봅니다.
- 책임이나 의무를 무시합니다.
- 다른 사람을 돕지 않습니다.

사람은 두 종류로 나뉘게 됩니다.

하나는 시련기를 통해 더욱더 성장하는 사람입니다. 그리고 다른 하나는 시련에 완벽하게 제압을 당하는 사람입니다. 누구든 시련기를 통과하지 않겠다고 생각한다면 그냥 그 수준 정도로 살아가면 됩니다. 설사 현재의 수준에 만족하지 못할지라도 모든 것이 부족하여 늘 허덕일지라도 시련을 두려워하여 도전하지 않는다면 평생 그 그늘에서 헤어나올 수 없는 것입니다.

모든 위대함은 위험을 감당해낼 수 있느냐에 달려 있습니다. 그러므로 기꺼이 불확실성과 혼돈 속으로 자기 스스로 한 단계 더 들어가야 합니다. 왜냐하면 거기에 인생의 성패가 달려 있기 때문입니다.

조직에 몸담고 있던 사람이 조직을 나온다고 하여 인생이 끝나는 것은 아닙니다. 더 큰 가능성은 얼마든지 만들어낼 수 있습니다. 인생은 희망에 속는 사람보다 절망에 속는 사람들이 훨씬 더 많습니다. 사람들은 아직 벗어날 희망이 있음에도 불구하고 스스로 절망해 버리는 것입니다.

더 큰 가능성을 만드십시오.

신화를 창조하십시오.

샤킬 오닐을 알고 있습니까?

미국 프로 농구선수로 크게 성공한 그가 한창 농구를 배우던 시절, 농구 캠프에서 월등한 실력의 선수에게 주눅이 들어 어머니에게 다음 기회에는 잘하겠다고 말하자, 그 어머니가 이렇게 말했습니다.

"얘야, 다음 기회란 결코 오지 않는단다."

기회의 문은 창을 금방 닫아버립니다. 우유부단함으로는 절대로 기회를 잡아낼 수 없습니다. 늘 깨어 있어야 합니다. 늘 현재 주어진 가능성과 현재의 기회를 마지막이라 생각하고 행동하십시오.

인생의 모든 것을 지금에 걸고 살아야 합니다. 내일은 결코 오지 않습니다. 따라서 우리는 항상 준비가 되어 있어야 하고 현재에 전부를 걸고 역전의 시나리오를 만들어내야 합니다.

과거를 잊으십시오. 과거는 흘러간 시간이고 우리는 오늘을 살아야 합니다.

당신은 위대합니다.

당신의 능력을 자각하고 창조적으로 행동하기 위해 자신을 갈고 닦으십시오. 항상 누군가에게 필요한 사람이 되도록 행동하고 생각하십시오. 나중에 혹은 다음에 라는 생각을 버리십시오. 기회를 놓치면 다시 붙잡기 힘듭니다. 기회는 항상 오는 것이 아닙니다. 그러므로 기회라는 생각이 드는 순간에 전력투구를 하십시오.

당신의 모든 것을 걸면 새로운 아이디어가 생성됩니다. 그 새로운 아이디어 중에서 가장 실용적인 것을 선별하십시오.

사람들은 흔히 지갑을 잃어버리는 것은 안타까워하면서 아이디어를 잃어버리는 것은 아무렇지도 않게 생각합니다. 하지만 그러한 아이디어가 바로 당신의 인생에서 신화를 창조해주는 요소라는 것을 잊지 마십시오.

　당신의 모든 것을 걸고 기회를 활용하여 신화를 창조하십시오.

인생의 성패는 연습에 달려 있습니다.

당신은 얼마나 훈련을 했고

얼마나 현장에서 공략을 해보았습니까?

얼마나 도전을 해보았고

얼마나 많이 거절을 당해 보았습니까?

# 13 책과 운동이라는 링거액을 투입하라

 비즈니스 세계에서 승자가 되기 위해서는 결코 지쳐 떨어져서는 안 됩니다. 왜냐하면 성공이란 항상 현재진행형이기 때문입니다. 그러므로 마치 숙성된 와인처럼 자기 삶의 궤적을 통해 결코 지치지 않을 시스템을 만들어가야 합니다.

 행복하게 비즈니스를 펼쳐나가십시오. 화끈하게 한 번 붙고 나가떨어지는 것이 사업이 아닙니다. 절대로 그런 선택을 하지 마십시오.

 바쁘고 힘들지라도 육체적 혹은 정신적으로 에너지를 충전하십시오. 게임은 하루만 할 것이 아닙니다. 틈나는 대로 운동을 하고 책을 통해 정신적 에너지를 충전하십시오.

매일 책과 운동이라는 링거액을 투입하십시오.

늘 호기심, 열정, 도전, 용기가 찰랑찰랑 차고 넘쳐야 합니다.

링컨은 평생을 통해 정규학교 교육을 받은 기간이 채 1년도 되지 않습니다. 하지만 링컨은 틈만 나면 책을 읽었고 책을 빌리기 위해서라면 집에서 50마일이나 떨어진 곳까지 찾아다녔다고 합니다. 에디슨 역시 수많은 책을 읽은 사람으로 유명합니다. 그는 한 번 책에 빠지면 책이 1미터 혹은 1.5미터나 쌓일 정도로 독서에 빠져들었다고 합니다.

맑은 정신적 에너지는 책을 통해 얻게 됩니다. 하지만 책을 읽되, 읽는 것으로 그치지 말고 읽은 것을 연구하고 실생활에 활용해야만 합니다. 책에서 얻은 지식은 되새김질해야 하며 실생활에서 이용해야만 참된 지식이 되는 것입니다.

특히 요즘은 웰빙의 바람이 불어 닥치면서 건강에 대한 사람들의 관심이 상당히 높아졌습니다. 이제는 단순히 '먹고사는 것'을 넘어서서 '잘 먹고 잘 사는 법'을 생각하고 있는 것입니다.

물론 이것은 바람직한 현상입니다. 우리가 보고 듣고 읽고 말하는 모든 행동들의 기저에는 건강이 자리하고 있습니다. 건강을 잃으면 모든 것을 잃게 되는 것이기 때문입니다. 건강은 곧 삶과 같은 의미입니다.

하루의 언제든 시간을 내어 혹은 짬짬이 운동을 하십시오. 운동에는 유산소운동과 근육운동이 있는데 사람마다 운동의 양이나 방법도 조절해야 하므로 의사와 상담하여 결정하는 것이 좋습니다. 보통은 준비운동, 본운동, 정리운동의 순으로 운동을 하는데 준비운동과 정리운동에서는 유산소운동을 하는 경우가 많습니다. 특히 근육운동을 하고자 할 때에는 주의가 필요하므로 의사의 조언을 받는 것이 좋습니다.

나의 경우 운동을 통해 얻을 수 있는 것은 건강뿐만 아니라 흐트러진 정신을 다잡는 방법이 되기도 합니다. 특히 몸의 바란스가 깨졌을 때 달리는 행위 하나로 다시금 컨디션을 회복하는 효과가 있습니다.

사람은 시련기를 통해 성장한다고 합니다.
흔히 사람들은 경기가 가라앉으면 실망하고 좌절하지만 사람은 항상 시련기를 통해 성장한다는 사실을 기억하십시오. 어려움 없이 인생을 살아가는 사람은 드뭅니다. 상황이 어려울 때에는 역경의 의미를 알아차리고 그 시기를 성장의 기회, 즉 단련하는 기간이라 생각하십시오.

성공은 쟁취할 만한 가치가 있고도 남음이 있습니다.
인간은 누구나 궁극적인 자유를 원하고 또한 누구든 자유롭게 살 수 있어야 합니다. 그리고 모든 자유의 기초를 이루는 것은 바로 경제적 독립입니다. 경제적 독립이라는 토대가 없으면 그것에 신경을 쓰느라 다른 것을 생각할 여유조차 없습니다.

그러므로 당신의 경제적 독립을 달성하기 위해 모든 지적 능력을 동원하여 시장을 개발하고 고객을 감동시키고 진정으로 그 일을 사랑하며 스스로 변화하고 성장해 나가야 합니다. 그러면 주변 사람들을 변화시킬 수 있습니다. 더불어 사회까지 발전시키게 됩니다.

혹시 타인에게 혹평과 질책, 비난을 받아본 적이 있습니까?

만약 그러한 순간에 놓이게 된다면 자기 자신을 추스를 수 있는 용기를 발휘하십시오. 역경이 찾아오면 그것을 두고 '연단의 순간'이라고 기도하는 기독교인들의 지혜를 배울 필요가 있습니다.

고난이 다가오면 단련하는 기간이라고 생각하십시오.

어려움이 오면 마지막까지 준비를 하고 단련을 하십시오. 삶의 자유는 당신 스스로 쟁취해 내야 합니다. 그리고 그 자유를 위해서는 그만한 비용을 지불해야만 합니다. 지금부터라도 준비하십시오. 용기와 지혜를 발휘하여 자유를 맞이하기 위한 대가를 준비하십시오.

마지막으로 성공과 용기에 대한 시 한 편을 음미해 보며 갈음해 보려합니다.


### 나, 주식회사를 위한 경영 노트

엘리어트 조

인류는 시련을 통해 성장했다
되돌아 역경이 없었다면 오늘의 영광도 의미 없는 것

질책과 비난의 시련이 와도 나를 추스릴 수 있는 용기가 있어야 해
역경이 오면 훈련과 단련의 기간임을 깨우칠 수 있는 지혜에 감사하라
성공은 늘 현재진행형이며
고난은 마지막까지 준비하라는 치열한 신호탄

자유롭게 살기를 원하는 동물
인간이여, 모든 자유는 물적 기반이 받침이어야 한다
타인에 의지하면 행운에 의지를 붙여도 불온하다

자유를 위해 비용을 지불 했으니
자유를 알려준 비용에도 감사하라
지혜를 준 책에 감사를
감성을 준 노래에 감사를
잠시 머물다 간 한줌의 햇볕에게도 감사를
크게 일어설 수 있는 기회를 준
돌부리에도 감사를

나의 무기는 열정과 도전 그리고 믿음의 시간뿐임을
나는 마흔 고개를 넘어서야 알았네

나 이제 걸어갈 세월을 자산으로 삼으리
그리하여 나의 체험을 통해 내가 원하는 것을 취하리니

다시 일어서는 내 안에 깃들었던 믿음과 용기어!
이제는 내가 너를 일으키리.